KB239352

申天浩 編著

陰陽五行의 概論

明文堂

目　　　次

1. 陰陽五行이란?

陰陽五行이란 太陽과 地球의 거리가 멀고 가까워지는 차이로 발생하는 변화 과정을 말함이다.

男女가 결합을 해야만이 자식을 생산할 수 있으며 가정을 이루고 사회를 이루고 국가를 형성하듯이 森羅萬象(삼라만상)은 陰陽의 造化에서 生成하고, 存在하며, 運動하고, 変化하는 것이다.

그것을 이제부터 좀 더 구체적으로 설명하자면, 太陽이란 불덩이는 열과 빛으로 뭉쳐있는 순수한 陽気 덩어리다.

그 陽気인 太陽은 빛과 열의 원천이며, 우주의 원동력이자 대동맥인데 형체는 없다. 그러나 높고, 넓고, 크고, 밝고, 둥글고 언제나 끊임없이 표면화 하며 움직이고 있으면서, 가볍고 육안에 보이지 않지만, 그 힘과 위력은 거대한 것이다.

그것을 陽이라 하고, 気라 하며, 대기라 하고, 공기라 하는데, 陰陽五行上 火에 속해있으며, 인간을 비롯한 모든 生命의 精神은 이 火에서 공급되는 빛과 열을 먹고 살아가는 것이다.

그러나 지구라는 땅덩이는 물질로 구성되어 있음으로 순수한 정력의 원천이요, 기름의 근원이다.

이 지구상의 모든 물질은 형체가 있기 때문에 육안으로 볼 수가 있으며, 생명이 있기 때문에 고유의 독립성을 가지고, 自我 위주로 존재하고 있다.

그러나 빛과 열은 없다. 오직 피동적이며, 종속적으로 火에 의지하며, 生成하고 変化한다.

그것을 陰이라 하는데 인간을 비롯한 모든 생명체의 肉身은 그 陰에서 生成되는 물질을 먹고 살아가며, 陰陽五行上 水에 속한다.

그러면 태양과 지구가 결합하여 삼라만상을 생성하듯 나의 한 생명도 父인 +(陽)과 母인 -(陰)의 合作으로 이루어진 陰陽의 法則임을 증명한 것이라 하겠다.

다시말해 부모인 陰陽의 결합으로 나의 생명이 탄생하여 존재하게 된 것이며, 그 생명이 존재하기 위하여 不斷히 노력하며, 운동하고, 변화해야 할 것이다. 그렇기 때문에 가정, 사회, 국가가 필요하고 정치, 경제, 문화, 교육 과학등 많은 것이 필요한 것 아니겠는가 ?

그렇다면 이제부터 좀 더 구체적인 설명을 위하여 그림을 살펴가며 연구하기로 하겠다.

(1)(東, 春, 木)

먼저 봄이란 계절을 살펴보자. 봄은 五行上 木에 속해있는데 어째서 木이며 왜 봄인가를 설명하자면 먼저 지평선(一)을 생각해보자.

한 일 자로 그어진 지평선 밑에(一) 하나의 씨앗을 묻었을 때 금방 올라오는 씨앗은 하나도 없다.

태양의 열기와 土(흙)가 가지고 있는 습기와 혼합으로 온

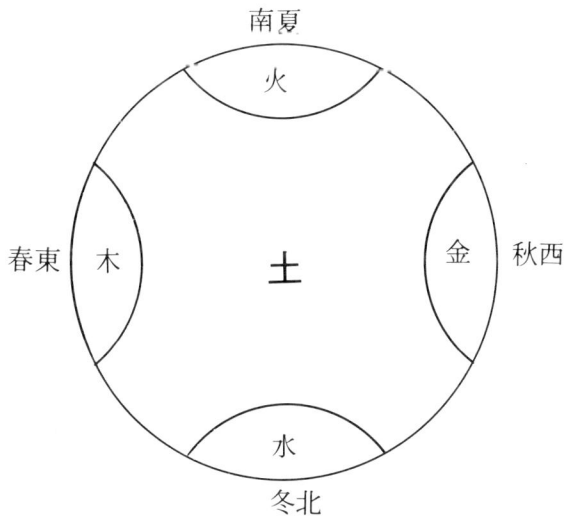

도가 맞았을 때 뿌리를 하나씩 뻗을 것이며(才), 그 뿌리는
점차 기운을 더해갈 수 있는 것이다.

  그러므로 지각인 땅의 표면을 뚫을 수 있을 것이며 비로소
뚫고 올라온 형상이 (不木) 나무(木)이다. 그 생명의 시발점
이 봄에서부터 시작하기 때문에 木은 봄(春)과 함께 자리를
같이 하며, 木이란 字는 세상 만물이 살아있는 것을 글자로
나타낸 표상이라 하겠다. 아울러 그 木이 속해있는 방위가 東

方인데 이것은 태양이 東方에서 먼저 솟아오르고 모든 생명
의 시초는 봄이기 때문이며, 인생의 시초도 어린 새싹처럼 자
라나는 형상을 담아놓은 의미와 뜻으로 생각할 수 있을 것이다.

(2) (南, 夏, 火)

여름(夏)는 五行上 火에 속해 있으며 南方에 위치한다

봄에 木은 싹이 터서 자라난 후 나무에서는 변화가 생긴다 인생도 마찬가지다. 어려서 자라다 보면 사춘기를 맞듯이 나무도 사춘기를 만났다고 해야 옳을 것 같다.

즉 나무에서 꽃이 핀 형상과 아침해가 높이 솟아 올라 정오에 이른 형상과 소년이 자라나서 청년 시절을 맞는 것과 소년, 소녀가 학교때 배운 학문을 토대로 사회에서 기량과 재주를 발휘하며, 꽃피우는 형상들을 연상하면 쉬울 것이며 인간은 정신으로 모든 문화, 예술, 학문, 과학, 철학등을 발전시키는 것이니 이는 정신의 고향이 태양에 속한다는 것을 의미하는 것으로 보아야하며, 봄이 지나면 뜨거운 불과 열이 지배하는 여름이 온다.

그것을 대변하는 글자가 불(火)이듯 이것은 太陽의 陽을 나타내는 상징으로 보아야 하겠다.

(3) (土) (長夏)

흙이란 지구상에 살아있는 생명의 보금자리요, 생활의 근본이며, 삼라만상의 무덤이다.

인생은 흙에서 태어나 흙에서 살다 흙으로 돌아간다.

인간이 살아있는 동안엔 흙이 보금자리요, 삶의 터전이며, 지상의 낙원이다. 그러나 생명이 종말을 고하면 흙은 말없이 받아 들이는 무덤으로 변한다.

또한 土는 주체성이 없다. 운동장으로 사용하면 운동장이 되고 화장실을 만들면 화장실이 되며 집을 지으면 집터가 될

뿐 흙 자체로는 반항이나 저항을 하지 않고 순종할 따름이다.

겨울이면 습토가 되고 여름이면 초토가 되며, 가을이면 선선한 土로 순응하며 동화할 뿐이다. 그러기에 주체성이 없고 능동성이 없으며 독립성이 없다.

그러나 여름土는 같은 土이면서 만물을 생산하는 어머니 坤土로 제2의 생명을 창조한다. 이처럼 土는 생명을 부화하는 母性의 役割을 하는것이 또한 특징이라 하겠으며, 음양오행상 土는 中央에 해당한다.

(4)(西秋金)

봄에 씨를 뿌리면 여름의 뜨거운 폭양(火)에 의하여 성장하며 열매가 익어간다.

그것을 가을엔 거두어 들이니 황금이 아닌가. 그래서 西方과 가을과 金(열매)을 한자리에 같이한 것이다

人生으로 치면 장년이요, 하루로 치면 저녁이며 계절로 치면 가을이다. 그 가을이란 오곡백과가 무르익었음을 생각할 수 있을 것이다.

인생도 장년에 접하면 모든 정신과 육체가 성숙한 것을 깨달을 수 있듯이 이 가을과 장년과 황금과 저녁을 다시 한번 정리하면 알차고 빈틈없고 실리적이며 성숙과 결실을 뜻하는 것이니, 음양오행상 金이라는 칭호를 받은 것이라 하겠다.

(5)(北冬水)

겨울이 추운 것은 얼음과 눈(雪) 때문인데 얼음과 눈이 활개를 치는 것은 태양의 빛과 열이 지구와 멀어졌기 때문이다

지구에 빛과 열이 없으면 어두운 陰이 활개를 친다. 어두운 것도 태양이 없기 때문에 어둡고, 추운 것도 태양의 열이 없음으로 추운 것이다.

그렇기 때문에 水(물)가 활개를 친다는 의미이다. 모든 식물이 생명을 달리 하는 것도 열이 없기 때문이란 것을 모르는 사람은 없을 것이다.

그러한 이유와 뜻을 말하는 글자가 水인데 水의 고향은 北쪽이며, 水가 다스리고 관리하는 계절이 겨울이기 때문에 水北冬이라 한다.

2. 相 生

　상생이란 서로 생해주는 뜻을 의미한다. 간단한 예로 나무는 물을 먹고 자라므로 水生木이라 하며, 나무에서 불이 일어나니 木生火 하고, 여름에 뜨거운 폭양이 땅에게 열을 주므로 火生土라 하는데, 즉 폭양이 땅에게 열을 주므로 땅 속에 있는 땅콩, 고구마, 감자등 열매가 완전히 성숙하여 나오게 된다.

　그런 뜻으로 火生土 土生金(열매)이라 하며 열매(金)를 짜면 끈끈한 액(水)이 나오는데, 이것이 기름이다.

　그래서 金生水라 하며, 이것을 季節로 살펴보면 겨울은 봄을 생해주니 水生木이라 하며, 봄은 여름을 생해주고, 木生火 그다음 여름(火), 다음에 가을金이 와야 하는데 火生土가 된 것은 생물이 생겨나는 법칙을 넣은 것이다.

　그래서 土生金이며 가을(金)이 겨울을 성장시켜 줌으로 金生水라 하며, 이것을 正五行이라 한다.

　아울러 상생이란 평화적이고, 합법적이며, 전진적이고, 순리적인 질서를 유지하며, 서로 생해주는 뜻을 가졌으며, 木生火, 火生土, 土生金, 金生水, 水生木으로 고정하였다.

3. 相 剋

　상극이란 서로 지배하는 약육강식의 법칙으로 水剋火, 火剋金, 金剋木, 木剋土, 土剋水로 고정되어 있다.

　剋이란 지배한다는 뜻으로 통하는데 물(水)은 불(火)을 지배(극)하고, 불(火)은 쇠(金)를 다스리고, 쇠(金)는 나무(木)를 다스리고, 木(나무)은 土(흙)를 다스리고, 土(흙)는 水(물)를 다스리는 뜻인데 한편으로 본다면 뛰어넘는 월권을 뜻함이니 질서를 무시하고 파괴하는 뜻도 되는 것인데 강약으로 차이가 생긴다.

상생도　　　　　　　　상극도

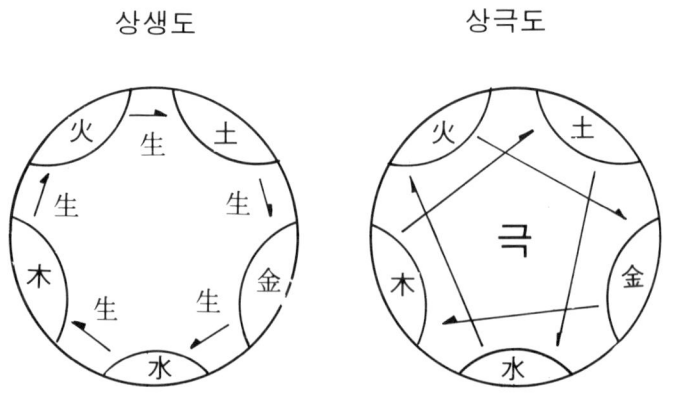

예를들면 물이 강하고 불이 약하면 불이 꺼지나 불이 강하고 물이 약하면 불이 꺼지지 않음으로 水剋火(물로 불을 다스릴 수 없음)가 안된다. 그렇기 때문에 무조건 水剋火, 火剋金, 金剋木, 木剋土, 土剋水란 없다.

다만 여기서는 순서나 실서를 무시하고 뛰어넘는 힘의 지배법칙임을 알아두면 구체적으로 설명하여 나가기로 하겠다.

4. 十 干

十干은 甲乙丙丁戊己庚辛壬癸로 고정되어 있으나 여기에도 陰干과 陽干으로 나누어지며 이것을 萬有의 十分法이라고도 한다.

陽干 甲丙戊庚壬

陰干 乙丁己辛癸

그리하여 각각 본질이 다르므로 속하는 곳도 다르다. 甲乙은 東方木에 속하고 丙丁은 南方火, 戊己는 中央土, 庚辛은 西方金, 壬癸는 北方水에 각기 배치한다.

(1) 甲乙(木)편

그림처럼 春夏秋冬에 각기 2개씩 배치하며 중앙에 2개 배치되었으나 그 뜻과 성격을 살펴본다면 甲乙은 같은 木이다.

그러나 각각 작용의 변화가 다른 것을 볼 수 있는데 이것은 삼라만상의 이치를 너무도 질서정연하게 기계처럼 아니 기계보다 더욱 정밀하게 짜여져 있므로로 어디서부터 어떻게 연구해야 할 지 감히 분석하기가 어렵기만 하다.

그러나 다만 여기서 미리 밝혀둘 것은 이 음양오행이란 대자연의 변화 법칙이 인류에게 말없이 순리적으로 가르치고 있

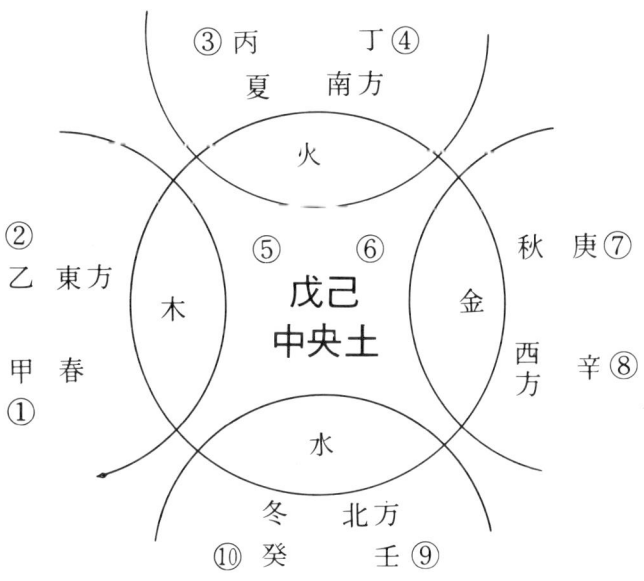

는 사실을 꿰뚫어 보고 간파하여 실행하고 따르자는 것이 목표이고 주어진 과제임을 중요시해야 할 것 같다.

왜냐하면 인간의 생명이 종말을 고하기까지 연구분석 해도 삼라만상의 이치를 터득내지 통달하지 못하고 죽음에 이르니 태어난 보람내지는 해야할 일들을 너무도 많이 남겨놓고 가는 것이 아닌가 생각하고 싶은 것이며, 또한 내 자신과, 내 가정과, 내 조국과 온 세계의 질서 평화를 위하여 무엇을 어떻게 해야 하는가를 알아야 할 것이며 그것을 가는 지름길이 무엇인가를 알기 위해서도 이 음양오행의 연구와 분석은 물론 현대화 촉구도 시급하다 하겠으며 그러한 관념으로 甲乙, 丙丁, 戊己 庚辛 壬癸의 十干과 앞으로 나오는 十二支를 연구하고 분석하는 것이 음양학적 태도가 아닐까 생각하며 十干을 살피기로 한다.

甲乙이 東方木에 속한 것은 지상에 살아있는 모든 생명의 집약체란 것을 말함인데 생명에도 여러 종류로 분류해야 하고 같은 종류에도 또한 크고 작음이 있고 강하고 약한 것 등을 분류하여 하나씩 분석하자면 끝도 없고 한도 없이 많겠지만, 여기 오행 속에 음양으로 구분하여 골고루 넣은 것이다.

즉 동물은 움직이므로 甲인 陽에 속하고 식물은 고정되어 있으므로 乙인 陰에 속하며 같은 동물이지만 인간은 강한 의지와 정확한 판단력이 있으므로 甲인 陽에 속하고 인간의 지배하에 움직이는 짐승은 乙인 陰에 속하듯 강한 것은 陽, 약한 것은 陰 등으로 수없이 갈라지고 끝없이 많지만, 여기서 살필 것은 한 가지 공통점과 변화하는 과정을 보는 것이다.

그 공통점이란 강자가 약자를 지배내지 먹어버리는 약육강식의 법칙이다. 힘이 강한 자는 약한 자를 먹어버리거나 지배하게 되는데 이 과정은 힘이 있어야 한다는 것을 알 수 있고 볼 수 있는 것이다.

농부가 땅을 갈아 씨를 뿌리는 것도 힘이 있어야 하며 고양이가 쥐를 잡으려해도 힘이 있어야 한다.

병들고 허약하면 밭을 갈 수도 씨를 뿌릴 수도 없는 것이며 이제 태어난 고양이도 힘이 없어 쥐를 잡지 못하는 것이니 극(지배)하지 못하는 것인데, 그와 같은 보이지 않는 힘을 가리켜 甲이라 하고 氣라 하며 기운이라 하고, 생기라 하는 것이며 그 氣가 化(변하여) 象으로 나타난 것을 乙이라 하며 생물이라 한다.

이것을 좀 더 자세히 설명하자면 이제 태어난 어린 아이를 보자. 갓난 어린 생명은 기운이 없어 일어설 수가 없으며 땅을 지배하지 못하는 것이다.

그러므로 모친의 젖을 통하여 힘을 저장하며 성장하는데 젖이 입을 통하여 들어가면 에너지란 힘으로 변한다.

그 변한 상태가 바로 甲이라 하고 생기라 하며, 힘이라 하고 気라 하는데 이 気며 생기요, 힘인 甲도 점점 자라야 변화할 수 있는 것이다.

즉 젖이나 밥이나 한모금 한수저로 움직이는 변화를 가져올 수는 없는 것이다.

두모금 세모금 먹는 동안 생기인 힘도 점점 자라서 완전히 성숙하게 되면 그 에너지며 생기요 甲인 힘에 의하여 운동을 하든가 공부를 한다든가 일을 한다든가 하는 변화를 가져오는 것인데 그 변화된 과정을 바로 象이라 한다. 象은 바로 甲이란 気가 변하여 나타났으니 눈으로 볼 수 있지만 気는 육안으로 볼 수 없으며, 보이지 않으니 그 작용을 생각하기도 판단하기도 매우 어려운 것이다.

그러나 그 작용력을 말로써 표현하기는 힘들 정도인 것을 또한 甲乙로서 생생하게 알 수 있게 되었으니 의가 크다하겠다.

아뭏든 気化象을 좀 더 살피자면 머리속에 생각하는 것은 気라 하며 甲이라 하고, 생기라 하며, 생각을 해서 행동으로 표현된 것, 즉 물건을 만진다든가 던진다든가 하는 식의 취해진 행위는 육안으로 볼 수 있는 象으로 나타난 것이다.

남녀가 결합할 때 +이고 甲이며, 힘이요, 陽인 정충을 —이고, 陰인 여성에게 심어놓으면 그 정충이란 힘은 점점 자라 乙木인 象으로 변하여 세상에 태어나게 되어 눈으로 볼 수 있는 것이다.

또한 우리 몸에 흐르는 피도 볼 수가 없듯 모든 식물이 뿌리로 흡수하는 수분이나 껍질 속으로 올라가는 수분도 볼 수가 없으며 보이지도 않는다. 그렇기에 계절이 오는 것도 보이지 않는 것은 당연하다 하겠다.

그것을 気라 하며 甲이라 하고, 생기라 한다. 그러나 계절이 와서 변화가 된 것은 누구나 볼 수 있는 것이다.

꽃이 핀 것, 단풍이 물든 것, 열매가 생긴 것, 나무잎이 솟아난 것 등 보이는 것이 바로 甲인 気가 化(변하여) 象으로 된 것이니 乙木이라 하고 생물이라 한다.

나무에 물이 오름도 힘의 공급이요, 인체내에 피가 혈관을 타고 오르내리며 신진대사를 도모함도 힘의 공급이다.

이러한 힘의 작용이 보이지 않지만 위대한 역사를 창조하고 있으니 말할 것도 없다 하겠다.

그런데 이와같은 気요, 象이며 봄인 甲乙이 성장하며 성숙된 곳은 겨울이다.

다시 말해 壬癸요, 겨울인 水가 부모가 되는 것인데 우리 인생을 살펴보자.

태어나 부모 밑에서 보호받으며 두뇌는 공부로 발달시키고 육체는 운동으로 단련시키며 점차 힘을 기르며 성장한다. 그러다 청년이 되면 결혼하고 분가하여 부부로서 또는 가장으로서 어엿한 사회인이 되어 이제는 혼자의 힘으로 무엇이든 해결해야 한다.

그동안 부모 밑에서 살아갈 수 있는 수단과 방법과 모든 지능과 육체의 힘을 기르고 닦았으니 살아가는데 걱정은 없을 것이며, 오히려 힘이 넘치는 청년기이니 자신만만할 것이다.

그와같이 봄이며, 생기요, 힘인 甲乙도 겨울이며, 水인 부모 밑에서 무럭무럭 성장한다.

음력으로 10월, 11월, 12월 3개월이면 완전히 성숙되어 겨울이란 부모 곁을 떠나 떳떳하고 자랑스러운 봄으로서 독립을 하게 되었으니 그 계절을 봄이라 하고 생기라 하며 甲乙木이라 한다.

따라서 甲을 지상에 생기라는 이유도 그에 연유한 것인데 甲이란 생기도 부모에게 배우고 기운을 배양하였듯이 독립을 하면서부터 여름이란 자식을 가르치고 보호하며, 육성시키는 것이다.

인간도 자식을 위해서 모든 정신과 육체를 헌신적으로 봉사하듯 나무도 불에겐 모든 것을 헌신적으로 봉사하여 자식인 불의 기운을 최대한 살려주는 이유가 거기에 있는 것이라 하겠다.

아울러 甲은 있는 힘을 최대한 발휘하여 삼라만상을 생산하며 육성시키는 작업을 태양의 열기와 함께 끊임없이 하므로 모든 산천초목은 乙木인 녹색으로 뒤덮이며 무성해지고 甲乙木인 곤충과 새들도 부지런히 제2의 분신이요, 甲乙木인 새끼를 치기 시작한다.

그러는 사이에 어느덧 봄은 기력이 쇠퇴하기 시작한다. 쇠퇴한다기 보다 여름을 육성시켰으니 제2의 생명으로 자신을 승화시켰다는 표현이 옳을 것 같다. 인생도 마찬가지다.

자기의 젊음이요 힘이 용솟음치는 절정기에 자식을 생산하여 자식이 성장해서 혼자 살 수 있도록 힘과 지혜와 모든 것을 깨우쳐 준 후에 자신은 늙고 병들어 죽음에 이르지만 자신의 생기를 자식에게 넣어 줌으로써 제2의 分身을 창조해 낸 인간 걸작품이라 하겠다.

甲도 마찬가지다. 자신이 여름이며, 빛과 열인 火를 길러냄과 동시에 甲이란 자체는 죽음에 이르지만 자신의 힘을 계속 계승시키기 위하여 다음 바톤을 乙木인 열매에게 넘겨 주는 것이다.

이것을 뒤집어 말하면 열매가 바로 乙木이며, 甲木이니 이것은 甲인 생기가 왕성한 힘으로 창조해 낸 작품임이 분명하며 그 열매이자 甲木이며, 乙木은 甲의 자식이자 분신이며, 여름인 火의 품에서 성장하며 성숙되어 가는 것인데, 이와 같은 보이지 않는 작용을 연구하고 분석하기 위하여 만들어진 표상의 글자가 甲乙이지만 五行中에서 오직 생명이 있는 것은 木뿐임을 명심해야할 것 같다.

아울러 甲은 생기이자 힘이요, 気로서 그 고향은 陽인 태양이며 乙木은 物과 象으로서 근원이 지구이며 음인 땅이다.

그에 따라 육신은 −인 음에서 태어나고 정신은 +인 양에서 태어나 음양이 서로 合을 이루어 변화된 과정이 木으로 生한 것이며 소생되었기 때문에 움직이는 것인데 어리고 유약하고 성장하는 소년 소녀 때가 少陽인 봄이요, 甲乙이며, 소년 소녀가 성장하면 여름이자 태양이요, 빛과 열인 火의 전성기처럼 인생도 열과 빛과 힘이 넘쳐흐르는 청년과 숙녀로 바꾸어지는 것인데 이때가 太陽이자 丙丁이다.

그러므로 식물과 짐승도 甲인 정신과 乙인 육신으로 구성되어 있고 인간도 정신인 甲과 육신인 乙로 구성되어 있다.

이 甲乙인 정신과 육신은 서로가 고향이 다르므로 정신이 며 甲인 陽은 대기속에서 생산되는 공기를 먹고 살며 육신이 며 乙인 陰은 대지에서 생산되는 물질을 먹고 사는 것인데 태 양과 지구는 떨어져 작용하고 있지만 짐승이나 인간은 정신 과 육신이 한데 붙어 있으므로 정신의 주장과 육신의 주장이 엇갈리는 갈등속에 몸부림치며 살아가고 있는 것이다

즉 정신의 에너지는 태양에서 얻어지므로 그 작용은 보이지 도 볼 수도 없으므로 등한시하고 육신이 먹는 물질의 빵은 눈 에 보이므로 애지중지하며 욕심을 내는 것이며, 또한 정신의 에너지는 숨만 쉬면 대기 속에서 섭취할 수 있으나 육신의 에 너지인 주식은 생산하기가 힘들기 때문이다.

그러나 인생의 주인이며, 힘이요 주체인 정신이 건전하고 튼튼해야만이 사물을 판단하여 물질인 주식을 생산하여 객체 요 物象이며, 乙木인 육신을 보살필 수 있는 것이며 気化象 이 되는 것이니 精神의 기능을 먼저 높이는게 질서요 순서로 서 六十 甲子도 선봉을 생기요, 힘인 甲을 먼저 세운 것이며 다음에 乙을 세운 것이라 하겠다.

그러면 앞에서 설명한 것과 같이 이 甲乙木은 북방인 水에 서 성장함을 볼 수 있는데 즉 남자의 힘이며 気인 정충은 북 방이며 水요 陰인 여자의 子宮에서 태어남으로 子息이라 하 는데 나무木은 土에 뿌리를 박고 수분을 먹으며 태양의 자라 나며 성숙한다.

그것을 좀 더 자세히 보면 木은 양보와 이해가 없다. 오직 저만 살기 위해서 먹는 것과 같이 인간의 육신인 乙木이 음 에서 태어나 음을 먹고 성장하니 음의 성분을 닮을 것은 당

연한 것이므로 욕심에서 해방되지 못하고 사는 것이라 하겠다

왜냐하면 인간의 육신을 형성하고 있는 피는 모두가 물질에서 섭취된 物의 化身이므로 물질의 성분인 陰에 직속하기 때문이다. 따라서 인간은 골과 육을 빼고 나면 나머지 70%가 수분인데 이 70%의 음인 수분이 모두 욕심이라는 사실이다. 그러면 나머지 30%가 火力이라 해도 70%인 음에 육신을 조종하며 살기가 힘들 터인데 뼈와 살을 빼고나면 과연 몇%가 火力인가는 짐작하고도 남음이 있지만 이 火인 정신은 무게가 없는 것만은 사실로서 저울로 달아보거나 육안으로 볼 수가 없으며 어느 정도라고 못박을 수도 없는 것이지만 이 정신인 火로 육신을 자유 자재로 조종하고 움직이는 힘이라는 것만은 사실이며, 또한 물이 불을 지배하는 것과 같이 견물생심하는 경우가 많음을 인간 사회에서는 볼 수 있는 것인데 음인 물질의 허욕이나, 과욕을 부리면 좋지 않다는 이유란, 물질은 陰인데 陰이란 어둡고, 차고, 겨울을 대표하는 水로써 상식적으로 생각해도 겨울은 熱이 없는 관계로 초목이 동사하게 된다.

그렇다면 인간의 정신이 죽는 것과 무엇이 다르겠으며 정신이 죽은 인간이 생을 영위할리 만무하기 때문이다 우리 인간이 먹는 음식도 인체에 열이 없으면 소화가 안된다.

음식을 먹은 후에 배를 차게 하면 음식이 부패가 안되므로 즉 土(흙)인 위장에서 썩질 않는다.

겨울 땅에 물질이 얼어서 썩지 않는 것처럼 위장 속에 열이 없으면 음식이 부패가 안되어 탈이 발생하므로 설사가 나온다. 그러나 열이 있으면 소화가 되어 부패해서 나오므로 변

은 지독한 썩은 냄새가 나는 것이다.

이처럼 욕심을 부리는 것은 물이요, 水이며 北인 음이 올라와 火인 ！열을 죽이거나 꼼짝못하게 욱박지르므로 매사에 일이 제대로 소화가 안되고 탈이 생기는 이유가 거기에 있는 것이라 하겠다.

그러나 음식도 적당히 먹으면 소화야 물론이며 또한 배가 고프면 음식이자 힘이요 氣를 채워야 하듯 적당히 먹는 것은, 무엇이든 보약이 아닐까 생각하고 싶은 것이며 甲乙인 음양을 좀 더 자세하게 구별하여 보자면 움직이는 것은 甲에 속하고 고정된 것은 乙에 속하며 큰 것은 甲에, 적은 것은 乙에, 높은 지대에 있는 것은 甲에, 얕은 지대에 있는 것은 乙에, 열대지방의 생물은 甲에, 추운지방의 생물은 乙에, 낮에 움직이는 생물은 甲에, 밤에 움직이는 생물은 乙에, 무거운 생물은 乙에, 가벼운 생물은 양인 甲에, 육지생물은 甲에, 바다생물은 乙에 표면에 노출된 가지등은 甲에, 땅속의 뿌리는 乙에 속하듯 甲과 乙은 힘의 강약에 따라 변화의 차이가 심한 것을 볼 수 있는 것인데 인간이 살아감에 있어 氣만 왕성하면 무엇이든 할 수 있다는 뜻을 내포한 것이기도 하다.

다시 말해서 돈을 모으려 해도 나의 氣가 왕성해야 돈이란 재물이 말을 듣고 따라올 것이며 또한 벌 수 있는 것으로 지배할 수 있는 것인데 나의 氣가 약하면 돈이 절대로 말을 듣지 않고 따라오지 않을 것이므로 벌지 못하는 것이며, 또한 극(지배)하지 못하는 것이다.

이와같은 것을 살피고 감정하는 것을 四柱八字를 감정한다고 하는 것인데 즉 언제 氣가 강해지고 언제 쇠퇴하는가를 살피는 것이니 그것은 건강과도 직결하고 있는 것이다.

즉 그림을 그리는 화가가 머리로 생각하는 것은 気요, 종이 위에 그려놓은 그림은 象인데, 気가 약하면 종이위에 그림인 象도 힘이 없는 초라한 그림이 되고 말 것이다.

아울러 東方은 甲乙이니 오행으로 木이요 나무처럼 색은 청(靑)색이요, 五味로는 酸(신맛)이며 인체의 五臟六腑로 甲은 腑인 胆(담)이며, 臟인 乙은 肝(간)이며, 五官으로 目(눈)에 五体로는 筋(근육), 五志로는 怒에 해당한다.

(2) 丙丁(火)편

丙丁(火)은 南方에 위치하고 여름에 속한다. 그 여름은 甲乙이란 생기와 생물이 성장하여 부모 곁을 떠나 독립한 모습이다. 다시말해 태양과 지구 사이가 아주 가까워진 계절이다.

겨울이면 태양의 빛과 열이 지구와 멀어졌기 때문에 지구에는 열이 없어 초목이 생명을 유지 못하고 죽음에 이르지만 태양의 빛과 열이 지구와 가까워 지면서 부터 산천초목은 활기의 변화를 갖게 되는 것이다.

이것은 태양인 +와 지구인 -의 음양에 합작으로 맺어진 결과이며 아버지와 어머니 사이에서 태어난 甲과 乙인 아들과 딸로서 나의 생명과 똑같은 것이다.

이제 태어난 나는 부모의 보살핌 없이는 자랄 수가 없어 부모에 의지하여 힘과 지혜를 닦고 길러가며 한치두치 무럭무럭 자라나 힘과 지혜가 왕성해지면 부모의 도움 없이도 얼마든지 살아갈 수 있는 성남 성녀 시절을 맞게되니 그때와 그 시절은 바로 싱싱한 젊음과 왕성한 힘의 시절이 아닌가.

태양의 빛과 열도 처음엔 힘이 없으므로 봄이라고 하는 甲乙에 의지하여 자라나며 甲乙이란 봄 또한 여름이란 빛과 열인 丙丁을 보살피며 길러내니 봄이란 甲乙은 부모이며 여름이란 丙(熱), 丁(光)은 아들과 딸인 자식이다.

이것을 木生火라 한다.

이것은 봄이며 생기요 생물인 甲乙이 자라서 여름이란 丙丁이 된것과 같은 것이며 나무가 자라서 크고 작은 꽃이 활짝핀 모습과 같은 것이며 소년 소녀가 성장하여 청년과 숙녀로 탈바꿈 한것과 같은 것인데 이제는 왕성한 젊음인 힘과 지혜를 배경으로 온 정력을 과시해야 할 시기이며, 태양 역시 봄이며, 甲乙인 부모 슬하에서 길러온 장기며 특기요, 무기인 빛과 열을 지구라는 땅덩이를 무대로 기량을 발휘하는 시기이므로 이때가 인생이나 태양이나 힘의 전성기임이 분명하다.

아울러 인생도 이때에 음양인 남녀가 결합을 맺고 자식을 낳고 힘과 지혜로 보호하고 통제시키며 육성 시키듯 태양 역시 지구인 土(흙)와 결합하여 만물을 성장시키며 성숙시키는 작업을 끊임없이 하는동안 무기요, 장기며, 힘인 빛과 열을 한껏 발산하고 베풀게 되어 빛과 열로 위엄을 과시하던 여름은 어느새 늙은 가을로 변하게 된다. 그 가을은 빛과 열이 식어가는 계절인데 인생도 이때부터 태양이 저물어 가듯 늙어가는 것이다.

아울러 가을이란, 계절은 여름이란 부모밑에서 뜨겁고 정열적인 지혜와 힘을 길러 완성된 계절로서 독립을 하게 된다.

그래서 쇠붙이는 모두 불속에 들어갔다 나와야 그릇도 되고 또한 강해지는 이유가 거기에 있는 것이다.

그런데 이 태양이란 불덩이도 음과 양인 十一가 합쳐서 火의 力(힘)을 발휘한다는 사실은 누구나 상식적으로도 알고있겠으나 잠깐 소개하면 가정에서 사용하는 연탄불, 곤로불, 쇠를 다루는 곳에 사용되는 산소용접불 등을 보면 붉은불과 푸른불로 혼합을 이룬 상태를 쉽게 볼 수 있는데 붉은것은 十인. 陽이요 푸른것은 一인 陰인데, 이와같은 불도 힘이 왕성하여짐에 따라서 푸른불이며 힘인 丁火의 불꽃이 올라와 국을 끓이기도, 밥을 짓기도, 쇠를 녹이기도, 절단하기도 한다.

마치 젊은 남녀가 결합을 하게 되면 자식을 생산하는 변화가 생기듯 불도 음양이 합쳐야 어떤 변화든간에 할 수 있는 것처럼 가장 왕성한 젊은 남녀로 탈바꿈된 태양이란 빛과 열은 삼라만상을 丙이자 陽이며, 十요 용광로와· 같이 이글거리는 熱로서 성장시키며 熱의 化身이요, 気化象이며 힘이요, 一며 光이요 陰인 丁(火)에 의하여 만물인 오곡백과의 열매도 알차게 무르익는 것이다.

이와같은 작업은 태양의 빛과 열이 가장 강한 위력을 발휘할 때 이므로· 산천초목이나 오곡백과등 모든 열매는 이때 자라고 알차게 익어가며 여물어 가고 색깔도 빛과 열을 닮아 혼합이나 단색인 자주색, 푸른색, 붉은색 등으로 다양하게 물드는 것이며 그에따라 인간도 색깔이 다양한 것이니 화가나면 즉 열이나면 얼굴색이 붉게 물들고 질리면 파랗게 되며 병들면 물질이 불에타 검게 변하듯 얼굴색이 검게되는 것이다.

또한 쇠붙이가 불속에서 연금되어 나오면 전보다 더욱 단단하고 강해지듯 오곡백과의 열매도 굳고 단단해지며 인생도 40대 후반이면 모든면에 성숙하고 견고해지는 이유가 그에 있는 것이라 하겠다.

이와같은 자연의 법칙과 질서를 연구분석 하기 위하여 단계적 계층으로 사용하는 언어가 少陽이 자라 太陽이 된것이며 소년이 자라 청년이 되고 봄이 자라 여름이 된것이라 하는데 여름은 태양의 전성기 이므로 火가 생산하고 지배함을 뜻하여 丙丁을 南方인 여름火에 배속시킨 것인데 태양은 높고 강하고 둥글고 뜨거운 열기로 천하를 밝히며 만유를 배양 성숙시키는 원동력으로 陽이라 하며, 인간도 의지가 강하고, 마음이 둥글며 능동적이고 적극적이며, 확산적이고 베푸는 마음과 강한 정신을 가진사람은 태양처럼 강한 속성에 결부시켜 丙이라 하고 陽이라 하니 이것을 음양으로 나누어 보면 태양은 만물을 생산 지배하는 원동력이니 丙(火)인 陽에 속하고 인간의 정신은 지구인 땅을 지배함으로 陰인 丁(火)에 속하며 남자의 정신은 丙에, 여자의 정신은 丁에, 사람의 정신은 丙에, 곤충이나 동물의 정신은 丁에, 해바라기 꽃은 丙에 코스모스 꽃은 丁에, 전기불은 丙에, 촛불은 丁에, 촛불은 丙에 성냥불은 丁에, 성냥불은 丙에, 담배불은 丁에, 밝은 마음은 丙에, 슬픈 마음은 丁에, 웃는 마음은 丙에, 우는 마음은 丁에, 쾌활하고 즐거운것은 丙에, 우울하고 괴로운 것은 丁에 속하듯 끝없이 많지만 이미 甲乙에서 설명하였듯 丙과 丁도 밝고 둥글고 억세고 강하고 명랑하고 즐거운것 등은 모두 태양처럼 강한 속성에 모나고 어둡고 약하고 화내고 슬프고 우울하고 가난한 것은 모두 陰인 丁(火)에 속하는데 이와같이 강한 것은 크고 넓은 것을 생산할 수도 지배할 수도 있으며 약한 것은 약한 것을 생산지배 할 수 밖에 없는 공통점을 볼 수 있고 알 수 있는 것인데 태양은 丙이며 陽이요, +로서 하늘을 지배하고 인간은 陰이며 -요, 丁(火)로서 땅을 지배하나 음과 양인 +-는 언제나 함께 존재하듯 인간의 정신은 태양이 뜨면 함께 눈을 뜨고, 태양이 저물면 함께 잠을 자며, 태양의 빛과 열로 생산되는 공기를 마시며 대기 속에 살아감으로 태양은 삼라만상을 배양하며 성숙시키고 인간은 밝은 문화, 예술, 학문, 철학, 과학 등을 개발하여 발전시키고 있는 것이다.

이와같이 인간의 정신이자 陰인 丁(火)는 丙(火)인 태양속에 존재함을 다시한번 증명한 것이며 그에 따라 식물의 꽃도 火에 속하고 짐승의 정신도 火에 속하듯 인간의 마음과 정신도 태양과 함께 호흡하는 같은 火이면서 丙丁인 음과 양으로 갈라지고 작용에 따라 변화도 달라지는 것이다.

그렇기에 토끼처럼 유하고, 범처럼 강하고, 태양처럼 둥글고, 원만하며, 별처럼 반짝이며, 총명한 사람등 각양 각색이나 그 마음과 정신의 작용은 모두가 氣요, 힘의 작용이므로 보이지 않는 것이니 등한시하고 멸시를 받는 것이라 하겠지만 정치, 교육, 예술, 철학, 과학, 기업 등 소질의 부문을 미리 살펴 어려서부터 전문적으로 그길을 가게하고 병이 발생할 부위는 식이요법 등으로 미리미리 치료한다면 부모와 개인은 물론 가정, 사회, 국가가 질서와 평온속에 빠르고 바르게 성장할 것이다.

그러나 예를들어 기업가의 소질이 풍부한 자를 미리 간파하지 못하여 법관이 되기 위한 노력을 하였다면 이것은 부모나 본인이나 사회나 국가가 커다란 손실을 본것이 확실하니 이와같은 甲乙, 丙丁, 戊己, 庚辛, 壬癸를 살펴 나쁘고 약한것은 보강하고 고치는게 뜻이며 근본이 아닌가 보는 것이다.

어째서 그러한가 하는것은 앞서 甲乙편에 잠깐 설명하였듯이 한가지 예를 더 들어 설명하자면 여름 태양은 気가 가상 왕성하므로 만물이 성장하고 지배를 받는 것이며 태양의 빛과 열도 왕성하므로 생산도 하고 지배도 할 수 있는 것이다.

그에 비하여 빛과 열이 힘이 없는 겨울엔 산천초목을 소생시킬 수 있는 힘이 없으므로 생산하지 못하는 것이며 생산하지 못하니 지배하지 못하는 것이다.

또한 여름 태양은 삼라만상을 강제로 지배하는것이 아니라 자체가 강하고 완벽한 열기를 발산하여 삼라만상이 스스로 따라오게 하는 것이니 자기 마음하나 제대로 지배하지 못하는 사람이나 수천 수억이 존재하면서도 서로가 상부상조하지 못하고 사상과 이념에 얽매여 동족상잔의 비극내지는 인간이 인간을 죽이는 무서운 무기개발의 혈안인 어리석은 인간들에 비하면 비록 태양 하나의 힘이지만 얼마나 거대하고 위대한 대자연질서의 체통인가 이러한 태양의 빛과 열이 인간의 정신과 공존하고 있다는 사실을 간파하여 글자인 丙丁에 배속시켜 오늘날의 후대인 우리에게 알려준 선대들의 이유가 무엇인지를 또한 丙丁이 알려주고 있는것과 같이 협동으로 불을 키우고 상부상조로 가다듬으며 좋은 습관, 올바른 정신, 바른 마음이 작용할 때 丙丁火의 속은 더욱 깊이 볼 수 있을 것으로 본다.

따라서 그것을 증명하기라도 하듯 五行으로는 火에 속하며 臟으로는 心臟이요, 六腑로는 小腸이며, 五官으로는 舌(혀)에, 五體로는 脈에, 五志로는 喜, 五気로는 暑, 五色으로는 赤, 五

味로는 苦(쓴맛)에 해당한다.

(3) 戊己(土)편

戊己土는 만물의 자궁이자 무덤인데 바다(水)와 혼합을 이루어 태양에 의지하여 만물을 보호하며 육성시키고 있으나 그 성분은 철따라 변화하기도 한다.

봄이 되면 따뜻한 온토, 여름이면 뜨거운 열토, 가을이면 선선한 토, 겨울이면 차거운 습토로 변하는데 이와같은 성분은 그만큼 주체성과 독립성이 없기 때문이라고 말할 수 있으나, 근본적인 土의 성분을 보자면 土만큼 협동과 양보와 믿음과, 동화와 상부상조가 강한 물질도 없을 것이다.

왜냐하면 지구란 땅덩이 자체가 水인 바다와 비록 성분은 다르지만 서로가 의지하고 협동하지 않았다면 지구란 별은 존재하지 못할것은 확실한 사실이므로 이것은 또한 土가 그만큼 土 자체의 성분이 충실하고 빈틈이 없으며 오직 土끼리 협동으로 이루어진 결과임을 증명하고 남음이 있는 것이다.

즉 土가 가지고 있는 성분이 약하고 힘이 없으며 주체의식이 약했다면 水라고 하는 물이 덮쳐서 흙을 먹어버렸을 것으로 지구는 물바다가 되어 지구아닌 水星으로 변했을 것이나 물을 그만치 다스릴 수 있는 즉 지배할 수 있는 힘이 있기에 水인 바다도 흙의 지배를 받으며 또한 水도 자체끼리 협동으로 바다를 이루어 水로서의 진가를 과시하는 것인데 이 또한 협동과 단결임을 말해주고 있는것과 같이 이와같은 대자연은 협동과 질서와 상부상조로 서로가 서로를 보살펴주고 다스려주는 가운데 평온하고 포근한 역사의 맥은 면면히 흐르며 변하고 있지만, 삼라만상이 그러하듯 무엇이든 부분적이나 개별적으론 적고 약한 것이나 생산하고 지배할 수 밖에 없는 것은 기정사실이나 상부상조하여 협동으로 뭉친다면 그 힘과 위력은 거대하다는 것을 우리는 상식적으로도 알 수 있지만 이 十干속에서 더욱 뚜렷하고 절실하게 깨닫고 느낄 수 있음을 부인하지는 못하는 것이다.

특히 우리인류의 보금자리요, 만물의 생활에 터전인 土의 성분을 보면 너무도 광범위하고 위대한 것이다.

그러나 土 역시 부분적으로 연구하자면 분석하는 가치조차도 없으리만치 미세한 먼지에 불과하나 그 먼지가 모여서 흙이 되고, 그 흙이 水이며, 물인 바다를 다스리고 지배하는 과정에서 많은 것을 연구할 수 있는 것이다.

높고 크고 웅장한 높은 산을 살펴보자.

그만큼 크고 광대하고 넓으니 비가 한번 오게되면 많은 물을 자체가 흡수할 수 있으므로 수많은 풀과 나무들이 여기서 공급되는 수분을 먹고 자라며, 꽃피고 열매를 맺은 다음 기력을 다하여 늙고 병들어 죽은 풀과 나무는 다시 흙으로 돌아간다.

그러면 土는 이것을 흡수 부패시킨 다음 살아있고 살아나는 생명인 木의 밑거름으로 사용해 버리는데 이것은 오직 살아있는 생명에게 주어지는 특권일 것이며 土가 주는 혜택일 것이다.

그러나 土 역시도 木인 생명에게 혜택을 주고 木의 다스림에 순종하지 않으면 土 자체가 침해를 받기 때문인 것이다.

즉 비가 많이 오게되면 木의 뿌리에 얽히지 못한 흙은 그 단체, 그 사회, 그 영역에서 이탈되어 물의 다스림과 지배를 받아 물을 따라 어디론가 흔적도 없이 사라질 것이므로 土가 가지고 있는 모든 것을 木에게 주면 木은 土에게 깊은 뿌리를 내리고 土는 그 뿌리를 묻어주고 보살펴 주며, 그 뿌리에 순응하고 그 뿌리를 배경으로 더욱 한덩어리가 되어 土의 터전과 土의 힘과 土의 사회를 건설하는 것인데 이는 오직 상부상조에서 얻어지는 수확일 것이며 상극이란 지배법칙에서 이루어지는 빈틈없는 자연질서의 체계임을 볼 수 있는 것인데 적은 풀폭이 차지한 영역은 면적이 적으므로 적게밖에 차지하지 못할것이고 또한 土가 공급하는 모든것도 적을것이며 큰木의 뿌리가 차지한 둘레는 그만치 넓으므로 흡수도 많을 것이며 주는것도 많을 것으로 상생과 상극속에 서로가 존재한다는 사실이 필연적임을 볼 수 있는 것이다. 이와같은 土의 작용을 또한 구체적으로 설명하기 위하여 만들어진 글자가 바로 戊己이며 좀더 상세히 설명하자면 土역시도 음양이 합을 이루어 힘을 발휘하게 되는 것으로서 습土는 -요, 陰인 己土이며, 수분이 없는 건토는 +요, 戊土인 陽土이다.

  따라서 땅 표면은 戊요, 내면은 己土며, 사람이 가꾸는 땅은 인공적인 힘으로 다스려 지므로 인간이 戊土가 되며, 인간에게 지배받는 土는 己土가 되고, 인간의 지배를 당하지 않는 土는 표면이 戊인 陽이요, 내면은 처요, 부인이며, 음인 己土가 되는 것인데 이와같이 강하고 약한것을 나타내는 것으로, 태산은 戊, 들판은 己, 밭은 戊, 논은 己, 물밑土는 己, 물밖의 土는 戊, 운동장은 戊, 안마당은 己, 안마당은 戊, 뒷뜰은 己, 썩은 흙은 己, 썩지 않은 흙은 戊, 둥근土는 戊, 네모진 土는 己, 화장실土는 己, 집터는 戊, 화단은 戊, 화분의 흙은 己土이듯 크고 넓고 둥글고 억세고 강한것은 陽인 戊土에 속

하고 좁고 모나고 어둡고 약하고 작은것은 陰인 己土에 속하
듯 土 역시도 끝없이 분리되지만 강약을 살피고 환경에 따라
변화하는 것을 또한 세밀하게 살펴야 하겠다.

즉 봄이오면 태양과 합작하여 생명을 부화시키기 시작하며,
여름이면 태양의 열기와 합작으로 부화시킨 생명을 성장시키
고 성숙시키며, 가을이면 여름에 힘을 방출한 관계로 태양이
나 土나 힘이 지치기 시작한다. 따라서 가을土는 고구마, 감
자등을 생산하게 되어 산모와 같기에 힘이 없다.

그러므로 겨울에는 눈・비의 보약으로 생기를 저장하며 쉬
는 것이고 보약과 생기인 비와 눈을 흡수하여 기력을 저장한
土는 봄이 되면서부터 다시 만물을 부화시키기 시작하는 것이다.

그에따라 우리 인생도 흙에서 태어나 흙에서 살며 흙을 지
배하다 기력이 모두 소모되면 다시 흙으로 돌아간다. 그러기
에 인생이 살아있는 동안은 土가 지배를 받으며 순응하는 안
식처요, 보금자리며, 지상의 낙원이지만 일단 죽음에 이르면
土가 지배를 하게되니 자연이나 인생이나 주체가 氣임을 다시
한번 증명한 것이며, 상대성의 원리를 더욱 실감나게 느끼는
것이다.

惑者는 말하기를 土는 인간이 죽으면 염라대왕으로 변한
다 하지만 전혀 착오인 말인것 같다. 왜냐하면 살아있는 者
를 생매장 할때는 염라대왕이란 표현이 맞지만 사고나 병이나
생명을 다하고 죽음에 이른것은 죽음 자체로서 또한 土가 영
원한 안식처요 보금자리다. 그러기에 상대성 원리란 단어는
더욱 깊은 뜻이 담겨있는 말인것 같다. 아뭏든 이와같은 土의
작용력은 우리 인간의 성격과 습성속에 너무도 깊이 박혀있다

는 사실이 중요한 것이다.

즉 土는 거짓이 없으므로 콩심은데 콩나고, 보리심은데 보리가 나오지 녹두가 나올리는 없다.

그러나 썩은 흙에 심으면 안나오기도 한다. 인간도 土의 성분을 많이가진 사람은 약속을 목숨보다 소중하게 취급하며 배신이 없고 땅속에 저장시키면 부패되지 않는 물건은 그대로 있듯 비밀을 소중히 지키며 믿음과 신용을 재산으로 살아간다.

아울러 土는 살아있는 생명인 木이 지배하면 절대로 순응한다. 집터를 만들든 운동장을 만들든 절대로 머리를 들거나 반항하지 않는다. 마치 익은 벼가 고개를 숙이듯 너무도 미약해 보이고 미련해 보이지만 같은 자연이요, 水에게는 그것도 바다처럼 큰것은 감싸주고 부분적인 적은 水는 가차없이 삼켜 버리는 무서운 성분이 있으면서도 생명이자 木에는 무조건 복종하고 모든 후원을 다해주는 그 너그럽고 두터운 성분에 감탄하지 않을 수 없는 것이다.

그렇기에 지구라는 별로서 군림하고 있는것이 분명할 것이며 土에게 信을 붙여논 이유도 거기에 있을 것이다. 그런데 이 土를 부분적으로 살펴 예를 들어보자면 땅이 썩었거나 자갈이 많거나 물이 너무 많거나 땅밑의 바위가 있거나 하는 것을 보면 알 수 있고 파보면 알 수 있으니 무엇을 하려면 피할수 있고 다른 방도를 택할 수 있지만 인간의 마음은 파헤쳐 볼 도리가 없으므로 十干중 어느 성분이 많은 것인지 어느 성분을 중화해야 하는지, 어느 성분을 택해야 하는지를 살펴서 그 분야 그 성격대로 모든것을 정리할 수 있는 것이다.

예를들어 土에 수분이 많고 태양이 떠있다면 조림업, 농업,

축산업계 등에서 종사하면 모든면에서 이익과 성장과 발전을 기약할 수 있는 것으로 土의 성분을 100% 발휘하게 되는 것이며, 또한 十干을 연구하고 분석하는 보람이 아닌가 생각한다. 아울러 土는 五臟으로 脾, 六腑로는 胃, 五官으로 口, 五體로 肌肉, 五志로 憂, 五気로 湿, 五色으로 黃, 五味로 甘에 해당한다.

(4) 庚辛(金) 편

庚辛(金)은 西方에 위치하고 가을에 해당하는데, 봄에 태어난 甲乙木인 생명이 여름인 丙丁火에 성장하여 완전히 성숙된 상태이다. 다시 말해 甲乙木이 제2의 분신을 창조하여 甲乙木의 형태를 그대로 보존시키려면 껍질이 있어야 하고, 껍질이 있다해도 튼튼해야 할 것이다.

때문에 여름火인 丙丁에 의하여 단단하고 질기게 만들어, 그 속 깊은 곳에 제2의 분신인 씨요 甲乙木을 숨겨놓는 것인데, 하나의 열매를 보자면 껍질과 그속에 물로 형성된 살과 씨가 들어있다.

이것은 아무곳에나 떨어져도 살아날 수 있게끔 만들어진 비상 주머니요, 영양창고인 것이다. 즉 한알의 포도나, 한개의 감이나, 배, 사과등을 땅에 던져두었다고 가정했을 때, 육신이요 甲이며, 생기요 힘이며, 영양소인 물은 흙인土가 흡수하고, 土는 흡수한 대가로 씨를 부화하여 육성시켜 주는 것인데, 이것은 씨가 가지고 있던 비상식량이자 거름이며 창고인 주머니다. 따라서 이와같은 열매이자 씨가 생명이 있는 甲乙木이라면, 어떤것이든 갖지않는 것은 하나도 없을 것인데,

물이 없는 씨는 모체인 풀폭이 죽으면서 물질로 형성된 자체의 형체를 土에게 다시 환원시킴으로, 土는 이것을 부패시켜 기름이요 힘이며, 甲이요 생기인 거름으로 만들어 그 힘에 의하여 2의 분신인 乙木으로 태양과 합작하여 다시 소생시켜 주는 것인데, 이 甲乙木이 제2의 분신인 甲乙木을 생산하려면, 억세고, 강하고, 단단하게 훈련내지, 교육시키지 않으면 안될 것이므로 빛과 열이 강한 火에 의탁하여 성장하고 성숙하게 하는 과정을 거치게 하는 것이며, 그 과정을 졸업한 단계가 바로 가을— 庚辛金으로 독립한 계절이다. 그렇다면 이 계절은 뜨거운 폭양에서 시달림을 받았으니 얼마나 질기고 단단 하겠는가. 그렇기에 오곡백과인 열매나 잡초나 나무껍질은 봄에는 파랗고, 연하고 갸날프며, 여름을· 거친 가을엔 단단하고, 억세고, 강하고, 질긴 것으로 변하는 이유가 거기에 있는 것이다. 한편 빛과 열을 한껏 발휘한 태양도 기력이 없어 가을에게 넘겨주듯, 인생도 정열이 넘치는 청춘이 지나며 서서히 장년의 막을 열기 시작하면, 이 때가 40代부터 시작하는 후반기로서 알차고 성숙할 것이다. 이와같은 뜻을 담아 놓은 글자가 庚辛(金)이라 하였으니, 金의 속성이란 가을의 열매처럼 단단하고, 알차고, 실리적이며, 굳세고, 강한 것을 나타낸 것이므로, 황금·진주·보석·철광등이 金에 속하고, 나무껍질·배껍질·사과껍질·짐승가죽·사람의 피부도 金에 속하며, 음악소리·개소리·닭울음소리·사람의 말소리·비행기소리 등 모든 음향도 庚辛(金)에 속한다.

아울러 자연이나 인생이나 氣의 작용에 의하여 변화하는 것으로, 가을이란 庚辛金도 金의 氣로서 지배하고 다스리며, 음양으로 합쳐 변화하듯, 가을도 또한 여름火나 土의 품에서 자라고 성숙하여 가을로서 독립하는 것인데, 이때부터는 陰이자 찬 바람이 밀려오기 시작한다. 인생도 왕성한 젊음으로 자식을 생산하여 보호하고 육성시키다 보면 기력이 떨어지기 시작하여 늙어가는 과정이나, 여름 태양이 늙으며 가을로 변하는 과정이나 같은 것인데, 그릇에 물을 담아 올려놓고 끓여 보면 처음에 뜨거워지기 시작할 때가 봄과 같고, 소년 소녀와 같으며, 끓을때가 여름과 같고, 청년과 숙녀와 같으며, 식어가기 시작하면 가을과 장년과 같으며, 완전히 식었을 때가 겨울과 노년과 같은 이치로 인생이 살아가는 과정이나 自然의 흐르는 형태나 똑같은 사실을 또한 알 수 있는 것이다. 따라서 이와같은 비유를 들게된 것은 불을 태양인 陽으로 보고, 물과 그릇은 물질이며 陰인 土로 본 것이며 끓고, 식는 과정은 춘하추동으로 볼 때 너무도 똑같기 때문인데, 인생이란 한마디로, 육신이란 乙木인 陰의 물체를 가지고, 정신이며 양인 열에 의지하여 열로살다 열이 식으면 육체는 음인 땅으로 다시가고, 정신인 火는 대기로 가는 것이다.

그러므로 음과 양인 정신과 육체가 결합하여 가장 왕성한 불꽃이 일어날 때 자식을 생산하고 왕성할 때 그 자식인 후대가 살아갈 수 있는 힘과 지혜를 전수시키기 위하여 부단한 노력을 하는 것이다. 그리하여 40代가 되면 그간 걸어온 행로의 많은 경험과 지식을 통하여 성공·실패의 엇갈림 속에 성공의 비율과 실패의 원인을 알 수 있게 되었으니, 그 할일, 그 경험들을 후대에 일러주고 깨우쳐 줄 것은 명백한 사실이다.

그리하여 40代·50代는 가을에 익은 오곡백과의 열매처럼 성숙하고 알찬 시기라 하는 이유가 그에 있는 것이다. 한편 甲의 化身이자 열매인 乙木은 丙丁이자 여름인 火의 품에서 성장하고, 성숙하는데 무작정 크기만 하고 여물지 않으면 안 될 것이므로 熟気인 庚金의 힘으로 생기를 중단시켜 辛金이 자 열매를 성숙하게 만드는 것이다. 다시말해 오곡백과인 사 과나무·배나무의 거름이자 힘이며, 생기인 수분이 공급되므 로 열매는 성장하는 것인데, 가을의 찬 바람이자 음이며 熟 氣인 庚金은 이 생기를 중단시키는 것인데, 그때부터 열매인 乙木은 丙丁火와 庚金에 의하여 튼튼하고 질긴 옷으로 갈아 입고, 알차고, 실리적인 辛金으로 변하게되므로 가을에 내리 는 하얀 서리는 나무의 힘이요, 甲이며, 수분이자 생기를 절 단시키는 熟氣인 庚金이며, 그 서리(霜)인 庚金에 의하여 알 차게 익은 오곡백과는 辛金에 해당한다.

따라서 알찬 辛金은 역시 자신들의 분신이요, 甲乙木인 제 2의 씨를 알차고 튼튼한 껍질로 감싸고 감싸 소중하게 보관 하는 것인데, 이와같은 과정을 인류가 존재하는 사회속에 비 유하여 보자면 사람은 庚金에 속하고 돈은 辛金에 해당하는 것이다. 왜냐하면, 어떤일이든 일을 하면 댓가가 주어지고 돌 아오게 마련인데, 일하는 목적은 알차고 실리적인 辛金이란 돈을 벌기 위함이요, 그 돈인 열매를 따려면 익혀야 하고 익 히자면 기능이나 능력을 발휘해야 돈이란 辛金이 오게 마련 이다. 그러므로 능력을 발휘하는 과정, 일하는 과정은 辛金 인 열매를 익히는 과정이니 庚金에 속하고 그에 의하여 받은 댓가는 辛金에 속하는 것이다. 또한 남녀가 결합하여 자식을 생산하니 부모는 庚金이요, 자식은 알찬 열매인 辛金이다.

이와같이 金이란 어렵고 힘든 과정을 거쳐야 하고, 또 그런 과정을 거쳐서 많이 알차게 열리는 것이므로, 노력을 하지 않고 쉽게 얻는 것은 그 또한 알차지 못한 것으로서 쉽게 상하고 오래가지 못하는 것을 알 수 있고 깨달을 수 있는 것이나. 아울러 이와같은 사물의 이치를 깨닫고 연구하고 분석하기 위하여 만들어진 글자가 十干이라 보는 것인데 인생이 甲乙도 되고, 丙丁도 되며 戊己도 되고, 庚辛도 되며, 壬癸도 되는 것을 알 수 있는 것이다.

그를 좀 더 설명하자면 처음 태어난 자식은 부모의 입장에서 볼 때 열매인 알찬 辛金이지만 본인이며 열매인 자식은 甲乙木이기 때문이다. 따라서 甲乙木이요, 음이며, 물질이자 육신은 丙丁과 戊己에 의하여 성장하고 성숙하니 또한 알찬 庚辛金이 된 것인데, 이와같이 庚辛金이 가지고 있는 특성이자 본질은 단단하고, 억세고, 강하고, 질기고, 알차고, 실리적인 것이므로 봄과 어린 소년 소녀나 여름과 청년인 젊음과는 성격이 다른 것을 볼 수 있다. 즉, 봄 여름과 같이 十인 陽이 생산되는게 아니라 陰인 一가 발생되기 시작하므로 움추려드는 것이며 그러기에 더욱 실리를 따지는 것으로 여름이나 봄에 사는 木과같이 엷은 옷을 입지않고 추위를 대비하기 위하여 의복을 두껍게 입는 것으로 모든 껍질이나 열매가 단단하듯, 인생도 점점 세월이 깊어 갈수록 피부·정신·마음 등 모두가 강해지고 질겨지는 것이다.

따라서 열매중에도 강하고 질긴 속성이 있고 부드럽고 약한 속성이 있으니 오이·호박·참외·수박등은 庚에 속하고, 밤·대추·호도등은 辛에 속하며, 고구마·감자등은 庚에 속하고, 콩이나 땅콩등은 辛에 속하며, 호도껍질·밤껍질은 金에 속하고, 속에 들어있는 알맹이는 庚辛金이자, 甲乙木이며 단꿀인 물은 水에 속하고, 밤송이는 庚에 속하며, 매끈한 밤껍질은 辛에 속하고, 같은 껍질에도 표면은 庚이요, 내면은 辛에 속하며, 인생도 남자는 양인 庚에 속하고, 여자는 음인 辛에 속하며, 같은 여자에도 못생긴 얼굴은 庚이요, 잘 생긴 미인은 알찬 辛이며, 운동을 하지않은 사람은 庚이요, 운동으로 단련된 사람은 辛에 속하듯, 같은 쇠붙이도 연철은 庚이요, 강철은 辛이며, 광맥은 庚이요, 광맥에서 나온 金은 辛이며, 원광인 모체는 庚이요, 원광을 연금시켜 기구나 그릇으로 완성된 것은 辛이며, 같은 보석에도 銀은 庚이요, 金은 辛이며, 구리는 庚이요, 銀은 辛이며, 표면은 庚이요, 내면은 辛이며, 바위는 庚이요, 돌멩이는 辛이며, 축구공은 庚이요, 야구공은 辛이듯, 金은 단단하고 질기고 알찬 성분으로서 알찬 실리를 관장하니 사람의 인체에서 치아와 피부와 호흡기인 폐를 관장하며, 정신과 마음에서 용단과 통제와 규칙과 음향인 소리를 관장하고, 사회나 국가를 비유하면 법과 치안·금융을 관장하니 법관은 알차고, 실리적인 언어로서 죄인을 다스리고, 은행은 황금인 돈을 다스리며, 군은 무기를 다스려 국가를 보호하고, 경찰은 질서의 파괴자를 다스리며, 민을 보호하는 것과 같이 실리적이고 알찬 것은 金에 해당하는 것이다.

그런데 이와같은 기관이 만일에 단단하고 알차지 않으면 국가의 형태가 일그러질 것은 명백한 사실과 같이 한 사람의 생명도 金이란 庚辛이 제가 맡은 분야에서 제가 맡은 직분을 충실히 수행하므로 피부가 되어 육신을 보호하고 치아가 되어 음식물을 통과시키거나 통제시키는 역을 하며 폐인 호흡기관이 되어 공기를 관장하여 생명을 유지하고, 또한 태어날 수 있게하니 金이란 그와같은 실리적이고 알찬 사물의 이치를 나타낸 표상의 글자인 것이다. 따라서 五行으로는 金이며 五臟으로는 肺요, 六腑로는 大腸이며, 五官으로는 鼻(코)며, 五体로는 皮毛요, 五志로는 悲며, 五気로는 燥요, 五色으로는 白色이며 五味로는 辛(매울)에 해당한다.

(5) 壬癸(水) 편

壬癸水는 북방에 위치하고 겨울에 해당하는데 甲乙·丙丁·戊己의 과정을 거치면 庚辛이 된다. 그러면 이 庚辛의 과정은 甲乙木인 생명이 처음 태어나 어리고 유약했던게 시간과 세월이 흐르며 나이가 먹을수록 단단하고 알찬 열매로 변화된 것인데, 인생도 마찬가지다. 부부의 교합이 꽃피는 시절이요, 그 꽃이 지고나면 열매가 생기듯 여자의 자궁 속에서 열매인 자식이 성장하여 세상에 태어나는데, 흙속에 씨를 묻으면 씨가 뿌리를 뻗어 땅 표면을 뚫을 수 있는 힘이 있을때 비로서 지각을 뚫고 세상 밖으로 나오듯, 어린 생명도 모체내에서 완전히 성숙해야 세상 밖으로 나오게되는 것이며, 세상 밖에 나와서도 또한 甲乙·丙丁·戊己의 과정을 거쳐야, 庚辛金인 알찬 열매가 되는 것인데, 그때 비로서 인간에 의하여 상품으로서의 가치를 인정받아 필수적으로 필요하고 없어선 안될 존재로 군림하게되는 것이다.

그러면 여기서 잠시 열매인 金의 입장이 되어보자

나는 겨울의 부모 밑에 힘을 얻어 봄의 왕성한 힘과 지혜로 내 자신의 역사를 창조하다 보니 부족한게 너무도 많아 뜨거운 여름火에 의지하고 의탁하였으나 여름은 말없이 쓴맛만 주었으며 시달림만 주었다. 그러나 나는 뜨거운 열의 고통을 스스로 감수하고 참고 견디다보니 언제인지 모르게 질기고 단단하며 알차고 실리적인 모양으로 변해 있었다. 그때서야 사람들은 나를 반겨주고 알아주며 필요로 하고 있었다. 나는 짐승이나 사람들이 알아주고 필요로 하기 위해서 노력한 것은 아니다. 다만 자연에 순응하고 따랐을 뿐이며, 묵묵히 나에게 오는 고통과 시련을 감수하고 이겨냈을 뿐이지 필요라는 정상의 자리를 지키며 군림하고 싶은 생각은 추호도 없었다. 따라서 이제까지 참고 견디어온 정상의 댓가를 아무에게나 주고 싶지는 않으니 알차고 보람있는 생명에게 나의 몸을 던져 내가 가지고 있는 에너지를 줄 것이다라고 말할 것이다.

그와같이 인간도 부모 밑에서 엄격한 가정교육을 받으며 성장하지만 결코 쓴노력은 자신이 하는 것이고 그 댓가에 의하여 모든 평가와 자신의 역사도 이루어지는 것과 같이 사람의 머리인 두뇌도 열매라는 사실이다.

왜냐하면 사람도 팔을 벌리고 서 있어 보면 나무木자가 분명하다. 그러면 식물인 나무에 열매가 달린 것과 사람의 머리가 열매인 것과 같은 이치이며 아울러 식물인 나무열매 속에 나무의 모든 실리적이고 알찬게 들어 있어 점점 여물어 가듯 사람의 머리인 두뇌에도 알차고 실리적인 것만 들어 있는 에너지 창고이며 또한 점점 여물어 가니 나무열매와 똑같은 것이다. 따라서 꽃이 피고 진 다음, 나무 속에서 열매가 생겨나나 사람 속에서 사람이 태어나나 똑같은 이치이며 나무열매 속에 단물이 있으면 단물이 나오고 쓴물이 있으면 쓴물이 나오며 신물이 있으면 신물이 나오고 썩은물이 있으면 썩은물이 나오듯 인간도 정신의 차이에 따라 개성이 다르므로 맛이 다른것이니 모난사람, 둥근사람, 후한사람, 천한사람, 귀한사람등 사람에 따라 정신에서 울어나오는 언어의 맛이 다른것으로 어려서 부터 머리요, 두뇌며, 정신인 열매를 익히기 위하여 부단한 노력을 하는 것이다.

  그에 따라 열매가 알차게 무르익으면 그 속에서 단꿀이자 물이 나온다. 그를 일컬어 壬癸水라 하며, 金이자 열매 속에서 물이 나온다하여 金生水라 하는 것이다. 사람도 열매 속에서 나오는 물이며, 생기요, 힘이며, 에너지인 水를 먹고 살아가니 인간은 두뇌요, 열매이며, 머리요, 정신인 에너지의 힘으로 살아가는 것과 똑같은 것이다.

  그러면 지구라는 별의 형태를 잠시 살펴보자면 지구는 흙인 土와 물인 水와 바위나 자갈인 金과 생명인 木과 혼합을 이루어 물체로 존재하는 거대한 별인데 이 지구라는 별에는 빛과 열은 없다. 빛과 열은 태양만이 가지고 있는 태양의 특성이다. 따라서 태양이란 ＋의 별은 지구라는 －의 별을 만나야만이 태양이란 별도 존재할 수가 있을 것이다. 왜냐한 것을 예를들어 설명하자면 한개의 쇠붙이를 불속에서 꺼내보자 그러면 그 쇠붙이는 열을 발산하게 되어 있고 열밖의 찬공기는 더운 열과 부딪히게 되어 그에서 발생되는 자연현상은 테두리가 생길 것이다. 그것을 가르켜 太極이라 하고, 대기권이라 하니 지구는 태극이란 테두리 속에 존재하고 태양 역시 그 테두리의 힘으로 존재하는 것이분명한즉, 쇠붙이의 열은 태양으로 찬 공기는 지구로 본 것인데 이와같이 기계도 크고 작은 바퀴가 서로 물려 돌아 가듯 우주 전체도 테두리와 테두리가 서로 받쳐 우주를 형성하고 있음이 분명하니 이 또한 개개의 별마다 자체의 성능을 살리기 위하여 태양의 ＋는 ＋끼리 협동하고 지구의 ー는 ー끼리 협동으로 단결하여 상부상조 하고 있음이 명백한 사실이다. 그러면 지구를 한번 작은열매로 축소시켜 분해하여 보자면 열매는 지구와 똑같은 형상을 볼수 있는 것으로 사과나 포도를 보면 알 수 있는 것이다. 껍질인 피부는 金이요, 그 속에 살은 흙인 土며, 흙속의 혼합된 수분은 水며, 씨는 木이며, 火는 빛깔과 성숙해온 과정으로서 과일은 빛깔을 보면 맛의 형태를 구분할 수 있는 것이다. 이와같이 인간의 두뇌 속에도 金氣, 土氣, 水氣, 木氣는 있으나 火는 없으며, 火는 대기속의 소립자에서 얻어지므로 두뇌는 바로 변전소와 같은 것으로 공기를 접하는 순간부터 두뇌는 작동하는 것으로 이 火를 먹기 위하여 숨을 쉬고 있는 것인데 짐승이나 인간은 코로 숨을 쉬고 식물은 잎으로 숨을쉬는 것이다. 따라서 나무열매와 같은 인간의 두뇌도 알차고 실리적인 氣의 집약체이므로 두뇌 속의 골은 수해의 원천인 壬水요 가닥 가닥 흩어져 동맥이나 경맥에서 신진대사를 도모하고 있는 혈은 癸水에 해당한다. 아울러 지구를 살펴보면 육지의 곳곳에 물이 흐르는 맥이 있다. 높은 산이나 얕은 산이나 사람의 몸에 핏줄이 있듯 물맥이 흩어져 있기 때문에 높은 산에도 물이 솟아나는 것이다. 따라서 이와같은 물맥은 바다가 원천이므로 모두 바다와 연결되어 있는 것이다. 그러므로 바다는

壬水요, 맥속에 흐르는 물은 癸水에 해당한다. 아울러 바닷물과 강물과 시냇물은 태양의 빛과 열에 의하여 증발되어 대기권에 모이게 되어 구름으로 변하는 것이다.

그래서 구름을 壬水라 하며, 구름도 모여 성숙하게 되면 빗물로 변하여 내려오게 되므로 그것을 말하여 癸水라 하고 그 빗물인 癸水가 내려 오면서 나무나 풀인 木에게 생기를 주게 되어 水生木이라 하는 것이다.

이와같이 인간의 두뇌도 생명이 필요로 하는 모든 여건의 힘인 氣가 모여서 작동하므로 국가로 비유하면 국회와 같은 행정기관이니 사물의 판단은 여기서하며, 또한 각기 부서별로 배속되어 제가 맡은 임무수행의 여념이 없는 것이다. 즉 간단한 예로 木은 간과 담에 배속되어 비위를 관리하며 눈으로서 시각을 높이고, 火는 심장과 소장에 배속하여 호흡기관을 관리하며 혀로서 언어와 맛을 관리하고 土는 비장과 위장에 배속하여 신장과 콩팥을 관리하며, 肉과 입을 다스려 감각을 높이고 金은 폐와 대장에 배속되어 간과 담을 관리하며 치아와 피모와 후각을 높이고 水는 신장과 콩팥에 배속되어 심장과 소장을 관리하며 耳를 다스려 청각을 높이는 임무를 하루도 빠짐없이 하는 것이며, 그날 그날 써버리고 모자라는 각 기관의 에너지는 골수이며, 머리인 두뇌에 저축되었던 에너지가 잠자리에서 공급하여 주므로 다음날은 피로가 풀리고 거뜬히 임무에 충실할 수 있는 것이니 사람의 두뇌는 각 기관의 에너지를 저축시켜 두는 열매이자 저금통장과 같은 것이다. 그러므로 생활하는 것도 저축이 많으면 여유가 있고 저축이 없으면 여유가 없는 것과 마찬가지가 아니겠는가. 아울러 水에도

陰과 陽으로 구분되는 것이니 바다는 ＋며, 陽인 壬水요, 강물은 －며, 陰인 癸水에 해당하므로 바다는 陰인 강물을 만나야 생기를 얻고, 陰인 강물은 陽인 바다를 만나야 생기를 얻고 변화할 수 있으므로 줄기차게 바다를 향하여 흘러가는 것이며, 陰과 陽이 합쳐서 변화를 할 수 있듯 바닷물과 강물이 합치면 또한 제3의 변화가 발생하게 되어 있다.

이러한 변화의 현상은 차후에 종합적으로 설명하기로 하고 여기서는 壬癸水만을 설명키로 한다. 따라서 바다도 언제나 생기이며, 陰인 강물을 만나야 변화할 수 있듯 인간의 두뇌 또한 언제나 싱싱한 생기를 먹어야 수명장수할 수 있는 것이다.

그래서 산자수려한 명산을 찾아 좋은 물, 좋은 공기를 마시면 정신이 맑고 깨끗해지니 건강도 좋아지고 썩은 물인 술을 먹으면 빙빙 돌고 어지러운 이유가 그에 있는 것이나 술이란 원래 약주이니 적당히만 먹는다면 그 또한 생기가 되는 것이다.

아뭏든 壬癸水를 좀 더 세부적으로 관찰하자면 사회속의 돈이 흐르는 유통과정은 인체에서 흐르는 피처럼 맥을 타고 다니므로 은행은 金이요, 은행에 모여있는 돈은 壬水에 해당하며 은행에서 가닥가닥 흩어져 나가는 돈은 癸水에 해당하며, 주머니는 金이요, 돈은 壬이며, 주머니에서 나가는 돈은 癸에 해당한다.

그러므로 돈이란 바로 생기에 해당하는 힘인 것인데 지구는 구름과 바람과 비로서 생기를 유통시키고 인체는 혈로서 유통시키며 인류의 삶은 돈의 맥으로서 유통시키는 것과 같이 壬

癸水의 뜻은 알고도 남음이 있을 것으로 본다.

　그러나 좀 더 구체적인 설명을 하자면 壬癸水인 물도 태양
을 만나야 구름도 되고 바람도 되며 비가 되어 내려오듯 태양
도 水를 만나야 변화를 일으킬 수 있으며 돈도 사람을 만나야
유통되어 변화할 수 있고 사람 역시 돈인 壬癸水를 만나야 변
화가 되는 것이므로 이와같은 수많은 이치들을 글로서 나타낸
표상의 글자가 바로 壬癸이다.

　그에 따라 壬은 바다도 되며 강도 되고 구름도 되며 바람도
되는 것은 상대의 따라서 변화되는 상대성의 원리이나 앞장에
서 설명한 바와 같이 壬癸水 또한 水로서의 강약을 나타낸 것
이다.

　그것을 좀 더 세분하여 보자면 陽은 氣요, 陰은 体이며 氣
가 변하여 象으로 나타나니 습기는 壬水요, 구름은 癸水며,구
름은 壬水요, 구름에서 내려오는 비는 癸水며, 흐르는 물은
壬水요, 갇혀있는 물은 癸水며, 강물은 壬水요, 시냇물은 癸
水며, 시냇물은 壬水요, 수도에서 나오는 물은 癸水며, 수도
에서 나오는 물은 壬水요, 그릇에 담아 놓은 물은 癸水며, 생수
는 壬水요, 썩은 물은 癸水며, 더운 물은 壬水요, 찬 물은 癸
水며, 같은 물도 표면은 壬이요, 내면은 癸水며, 수박물은 壬
水요, 참외물은 癸水며, 참외水는 壬이요, 오이水는 癸水며,
사람도 아버지는 壬이요, 어머니는 癸이며, 봉급을 받기　전
은 壬이요, 월급으로 받은 돈은 癸이며, 생각은 壬이요, 생각
해서 나오는 말은 癸水며, 마시기 전의 물은 壬水요, 마신 물
은 癸水며, 마신 물은 壬水요, 체내에서 에너지로 변하는 물
은 癸水며, 에너지로 변한 것은 壬이요, 그에 의하여 움직이

는 것은 癸水며, 움직이는 것은 壬水요, 움직임에 따라 변화
된 상태는 癸水인데 그다음은 甲乙에게 넘기는 것이다. 따라
서 이와같이 음은 양으로 변하고, 陽은 陰으로 변하며 陰은
陽이 있어야 변화되고 陽도 陰이 있어야 변화가 되는 것이니
이와같이 분리하자면 끝도 없고 한도 없으나 陰陽이 합쳐서
변화되는 이와같은 과정을 세부적으로 연구하여 인류가 존재
함에 있어 생성 소멸의 원인과 결과를 더욱 뿌리깊이 연구하
고 협동과 질서와 상부상조만이 생성하고 소멸되는 과정을 더
욱 인식하는데 그 목적을 두어야 되지 않을까 생각하는 것이
다. 아울러 五行은 水요, 五臟은 腎이며, 六腑는 膀胱이며,
五官으로 耳요, 五体로는 骨이며 五志로는 恐요, 五氣로는 寒
이며, 五色으로는 黑이며, 五味로는 醎(짠맛)에 해당한다.

5. 十干과 十二支

木火土金水의 五行을 陰과 陽으로 나누어 符號로서 사용하는 文字는 甲乙丙丁戊己庚辛壬癸의 10字와 子丑寅卯辰巳午未申酉戌亥의 12字등 모두 22字가 있다.

그러면 한그루의 나무는 땅 위와 땅 밑에 뿌리로 구성되어 있으니, 땅 위에 있는것은 하늘로 뻗은 줄기(幹)이라해서 天干(천간)이라 하고, 땅 속에 있는것은 땅 밑으로 뻗은 가지(枝)라 해서 地支라 하고, 甲乙丙丁戊己庚辛壬癸는 天干에 있는 10字라 해서 十干이라 하고, 子丑寅卯辰巳午未申酉戌亥는 地支에 있는 12字라 해서 十二地支라 하니, 十干은 땅 위에 노출된 陰陽五行의 나무 줄기요, 十二支는 地下로 뻗은 陰陽五行의 뿌리이다.

그러므로 十二支는 天干의 十干을 보필하는 원동력이며, 十干의 변화형태를 세부적으로 볼 수 있는 표상의 글자이다.

6. 干　合 (간합)

　　앞에서 설명한 十干은 각기 陰干과 陽干으로 구분되어 있으니 서로의 작용도 다를 것은 자명한 사실이며, 또한 陽干은 陰干과, 陰干은 陽干과 서로간에 정해진 배필이 있는 것이니, 陰干이나 陽干이나 자기 위치에서부터 6번째의 干을 남편으로 맞고, 아내로 맞는데 이것을 말하여 六合이라 하고 六神이라 한다.

甲乙丙丁戊己庚辛壬癸

　　따라서 甲丙戊庚壬은 陽干이요, 乙丁己辛癸는 陰干인데, 이와같은 十干이 서로 짝을 짓고 배합을 하는 것은 언제나 불변이며, 또한 배합을 하게 되면 양간의 五行이 변화가 되는 것인데 그것을 말하여 化五行이라 한다. (암기사항) 甲己合土 乙庚合金　丙辛合水　丁壬合木　戊癸合火
이와같은 六合은 서로가 대립되는 관계에서 배합이 되니 남자와 여자가 부부로서 결합을 맺는 것과 같은 것인데 그것을 干合이라 한다.

7. 干　　沖(간충)

　干合의 경우는 서로 상극 관계인데 陰陽인 +—이므로　서로가 만나면 전류가 통하지만, 陽干과 陽干, 陰干과　陰干은 만나면 대립을 하게되니 무서운 적으로 변하게 되어　충돌하는 것인데, 간합은 6번째에서 만나 짝을 짓지만 간충은 7 번째에서 마치 호랑이와 같은 무서운 상대를 만난다하여　七殺이라 부르는 것이다. 따라서 그림과 같이 甲은 7번째에서 庚

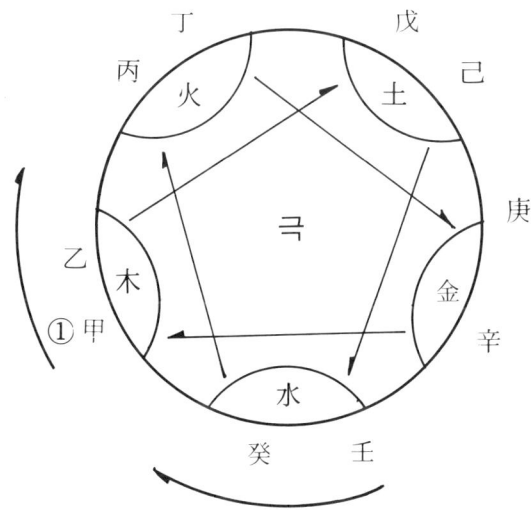

을 만나게 되니, 이 庚金은 甲木에 七殺이며, 乙은 辛金을 만나니 辛金은 乙木에 七殺이며, 丙은 壬水를 만나니 壬水는 丙火에 七殺이며, 癸水는 丁火에 七殺이요, 甲은 戊土에 七殺이며, 乙木은 己土에 七殺이며, 丙火는 庚金에, 丁火는 辛金에 七殺이다. 이와같이 내가 극하면 나도 극을 당하게 되어 있고, 내가 생하면 나도 생을 받는 것이 상생 상극의 철칙인 것이며 그런 뜻을 말하여 간충이라 한다.

8. 十二支 분석

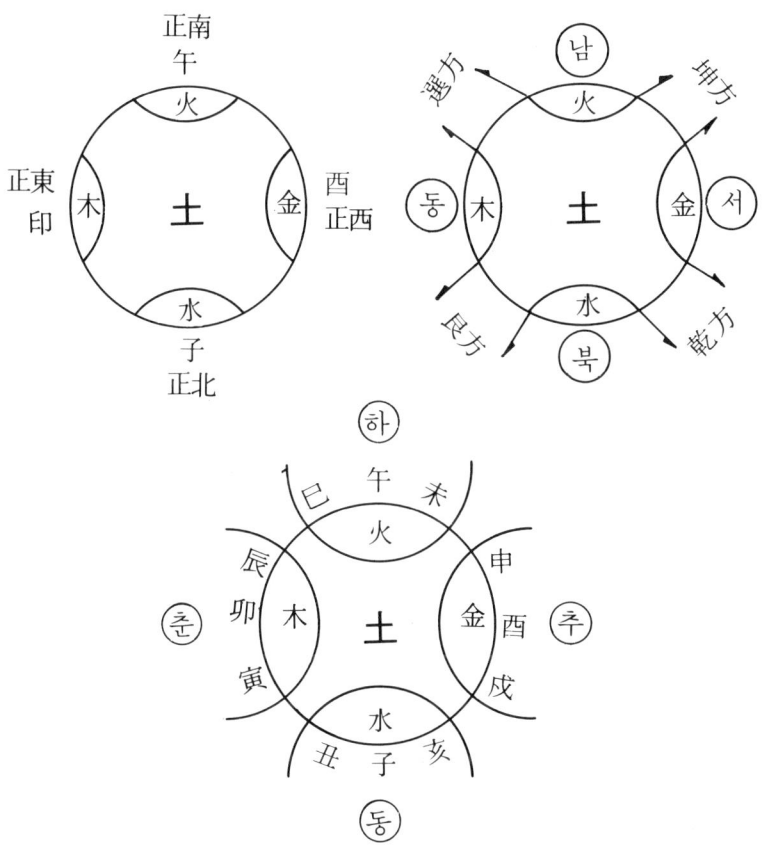

그림과 같이 子午卯酉는 각기 동서남북의 正方을 차지하고 戌
亥는 西北間으로 乾方(건방)이며, 丑寅은 東北間으로 艮方(간
방)이며, 辰巳는 東南間으로 巽方(손방)이며, 未申은 西南間
으로 坤方(곤방)에 해당하며, 寅卯辰은 東方木에, 巳午未는
南方火에, 申酉戌은 西方金에, 亥子丑은 北方水에 각각 속하
므로 寅卯辰은 春, 巳午未는 夏, 申酉戌은 秋, 亥子丑은 冬에
해당하며, 寅(1月)·卯(2月)·辰(3月)·巳(4月)·午(5
月)·未(6月)·申(7月)·酉(8月)·戌(9月)·亥(10月)·子
(11月)·丑(12月)을 나타낸 것이며, 하루의 시각은 子에서 시
작되니 子는 하루의 일진이 바뀌는 분기점이자 시발점이다.

子時＝밤　23시 부터　0 시59분59초

丑〃＝〃　　1시 〃　　2 〃　〃　〃

寅〃＝새벽3시　〃　　4 〃　〃　〃

卯〃＝〃　5시　〃　　6시 〃　〃

辰〃＝　7시　〃　　8 〃　〃　〃

巳〃＝　9시　〃　　10〃　〃　〃

午〃＝　11시　〃　　12〃　〃　〃

未〃＝　13시　〃　　14〃　〃　〃

申〃＝　15시　〃　　16〃　〃　〃

酉〃＝　17시　〃　　18〃　〃　〃

戌〃＝　19시　〃　　20〃　〃　〃

亥〃＝　21시　〃　　22〃　〃　〃

9. 支　　沖(지충)

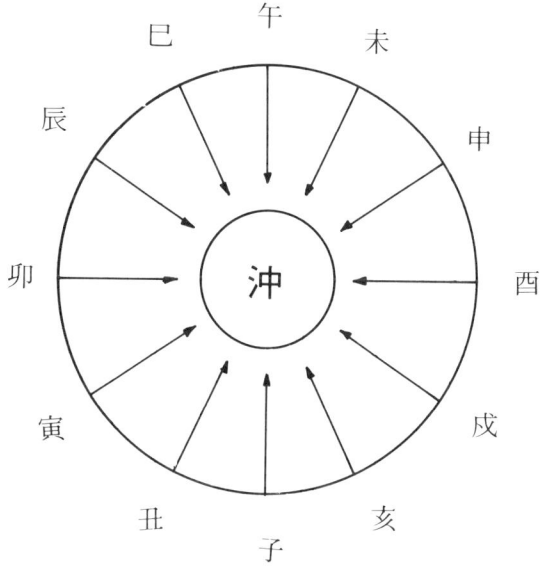

十干의 干이 서로 충돌하듯 地支도 상극관계 끼리 충돌한
다. 水↔火, 金↔木이니 子—午沖, 卯—酉沖, 巳—亥沖, 寅—
申沖, 辰—戌沖, 丑—未沖을 볼 수 있는데, 이는 서로 반대
방향에 支와 沖하는 것이다. 沖은 상호간에 성분이 다르므로
만나면 合을 이루지 못하고 부딪치는 것인데, 간충과는 달리
支沖은 뿌리가 서로 엉키는 뜻을 가지고 있으므로, 즉 天干의

활동을 뒷받침하던 뿌리가 다른 것과 엉킨다면, 천간에 보급하던 영양이 막혀 그에 의지하여 힘을 얻고 활발히 움직이던 천간인 十干들은 활동이 부진함은 물론이요, 그에 따라 다른 간에게 지배를 받아야할 것이며, 이제까지 내가 지배하고 다스리던 수하도 말을 듣지 않을 것은 자명한 사실이다. 이는 복싱을 하는 참피온이 방어전에서 이길 수 있는 상대를 만났음에도 에너지인 식사를 하지 못한 관계로 힘을 얻지 못하여 타이틀을 상실하는 것과 같은 것이다.

10. 方　　局(방국)

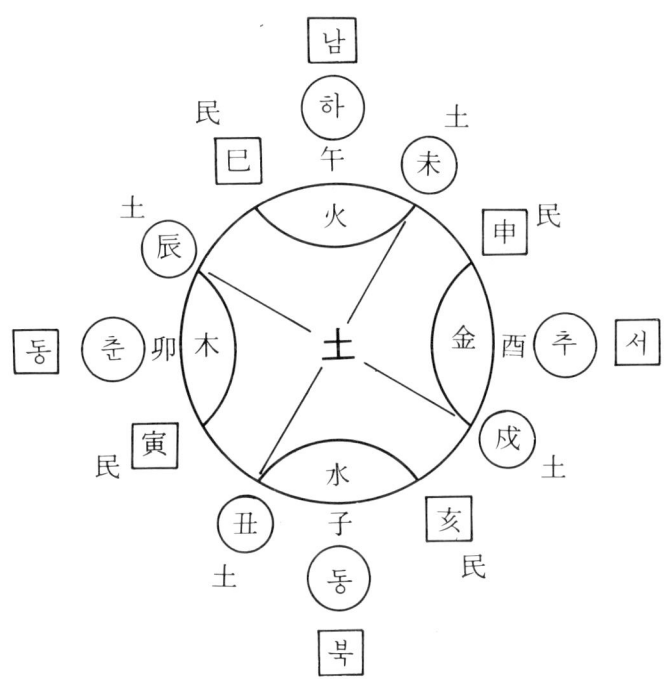

　　그림과 같이 方局이란 東方·西方·南方·北方을 말함이니,
東方을 형성하고 있는 支는 寅卯辰, 南方은 巳午未,　西方은
申酉戌, 北方은 亥子丑인데 자연이나 인생이나 같은 이치를
볼 수 있는 것이다.

　　즉 가정이　이루어지면　가장이　있듯, 직장이나 사회나 국
가나 모두 최고의 책임자가 있어 통솔을 하는 것이니, 東方을

형성하고 있는 寅卯辰木의 方局은 卯가 제왕으로 寅과 辰을 다스려 方局으로서의 세력을 구축하고, 南方은 午의 제왕이 巳와 未를, 西方은 酉의 임금이 申과 戌을, 北方은 子인 군왕이 亥와 丑을 관리하여 方局을 이룬 것이다. 그러면 우리가 상식적으로 생각해도 임금인 제왕이 있으면 영토와 백성이 있게 마련이니 그림에서 표시된 것과 같이 辰戌丑未는 土요, 寅申巳亥는 백성民에 해당하는 것이다. 그러면 여기서 잠깐 사주팔자에 관하여 알아보고 넘어가야할 것 같다.

11. 사주 팔자

태양과 지구가 결합하면 春夏秋冬이란 4계절이 생기며, 집을 지으려도 4기둥이 있어야 한다.

그래서 四柱(네기둥)라 부르는 것이니 사람도 태어 나려면 몇년 몇월 몇일 몇시에 태어남으로, 예를 든다면 壬戌年 甲子月 戊寅日 丙辰時라는 四柱(네기둥)이 형성되고 글자를 보면 8字로 구성되었다.

그래서 네기둥 여덟글자이므로 四柱八字라 부르는 것이다. 따라서 이것은 바로 十干과 十二支로 구성되었으니 지금까지 설명한 것과 같이 자연의 흐름인 자연철학이므로 생물학도 되고, 심리학도 되며, 과학도 되는 것인데, 대개의 사람들은 무조건 미신이라 생각하고 있지만 이것은 사실상의 근거를 모르고 하는 말인 것이다.

12. 三 合

方局은 순수한 자기들의 혈족끼리 집단으로 세력을 구축하여 하나의 방위로 형성된 것이나 三合이란 글자 그대로 3곳이 연결되어 합을 이룬 상태를 말함이다. 다시말해서 아침 태양은 동쪽에서 떠올라 남쪽에서 정오를 맞고, 서쪽으로 기울어 지니 동남서와 三合을 이룬 것이다. 좀 더 설명하자면 앞서 十干에서 설명하였듯이 甲乙・丙丁・戊己・庚辛・壬癸의 十干이 태어나서 자라나는 과정과, 왕성해지는 시기와, 죽음에 이르는 때를 설명한 것이다. 그러므로 태어나는 때를 장생이라 하고, 왕성해진 것은 제왕이라 하며, 죽으면 무덤으로 간다해서 묘라 부른다.

따라서 아침 태양은 寅에서 장생(태어남)하여 한낮인 정오(午)에서 제왕이니 가장 왕성한 시기요, 서쪽으로 기울어 戌인 묘에 묻힌다.

그래서 寅午戌 三合이라 하는 것인데 봄은 여름을 생하고, 여름은 가을을 생하고, 가을은 겨울을 생하고, 겨울은 봄을 생해 주는 것과 같으므로 이 十二支는 十干들의 변화형태를 알려주는 이정표와 같은 것이다. 따라서 이와같은 三合도 이루어지면 局이라 부르니 나라國과 같은 이치로서 寅午戌火局

巳酉丑金局　申子辰水局　亥卯未木局이라 부르는 것이다.

　이것을 좀 더 이해하기 쉽게 설명하자면 寅卯辰은 1월·2월·3월이 봄이자 方局이다. 그러면 方局은 김복동이란 가정인데 김복동은 가장인 卯요, 寅은 김복동의 자식이며, 辰은 김복동이 관리하는 농토이다. 그러니 寅卯辰은 순수한 김氏 가문이자 方局이다.

　그러나 三合은 김복동의 자식인 寅이 사회속에 午의 단체와 이해관계로 얽혔으니 직장으로 생각하면 이해가 쉬울 것이다.

　그래서 子(북. 제왕), 午(남. 제왕), 卯(동. 제왕), 酉(서. 제왕)이며 寅申巳亥는 동서남북의 장생이자 태어나는 곳으로 백성民이라 하고, 辰戌丑未는 동서남북의 영토(土)인 묘에 해당함으로 봄이란 甲은 亥에서 장생(태어남) 하고, 卯에서 제왕으로 전성기를 맞으며, 未에서 죽고, 여름인 丙은 寅에서 장생하고, 午에서 제왕으로 군림하다 戌에서 죽고, 가을인 庚은 巳에서 태어나 酉에서 제왕으로 있다가 丑인 무덤에 묻히며, 겨울인 壬은 申에서 태어나 子에서 제왕시절을 맞으며 辰인 무덤으로 가는 것이다.

　그림을 보면 상세하게 알 수 있는 것이다.

　그러면 여기서 方局과 三合의 차이를 좀 더 인간생활에 적응시켜 보자면 어느 개인의 네기둥인 四柱에 亥子丑이란 方局을 가지고 태어났다 했을때, 이 사람의 성격은 한마디로 외고집만 가지고 있기 때문에 사회와는 고립된 상태를 한눈으로 볼 수 있는 것이다.

　왜냐하면 순수한 겨울만 있기 때문에 봄, 여름, 가을과는

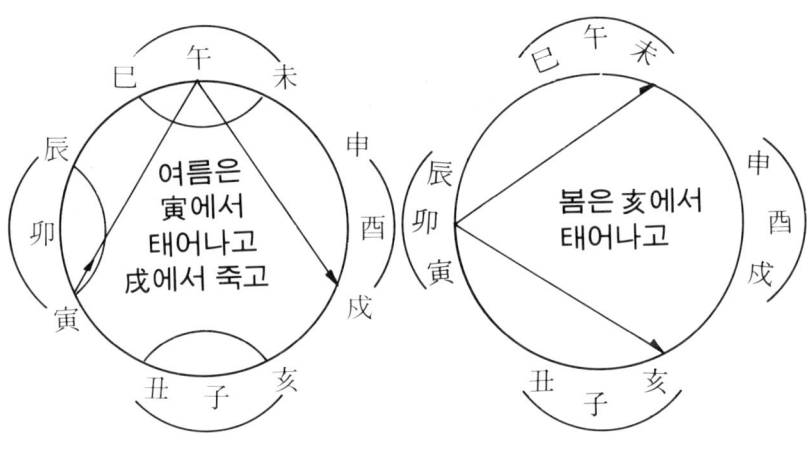

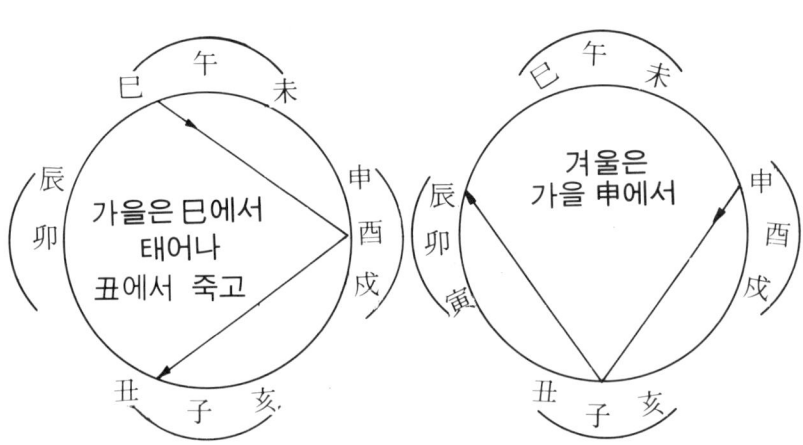

타협도 상부상조도 안되는 것이다. 즉 순수한 겨울인 方局을 형성했으므로 겨울밖에 모르는 것이다. 그래서 겨울만 주장하고 겨울만 떠들기 때문에 봄이나 여름이나 가을의 입장에서 볼 때는 우물안 개구리로 보는 것이다.

그래서 方局을 가지고 있는 사람은 사회에서 쓸모가 없다고 하는 것이다. 도대체가 융화가 안되고 자기 주장만 내세우니 한심한 노릇이다. 그러나 본인은 모른다는 사실조차도 모르기 때문에 우기고 고집을 세우는 것이다.

그러니 돌아가는 것은 없고 어려움만 닥치는 것이다. 그러나 三合이 있는 사람은 동서남북에 살고있는 어떤 사람과도 대화가 잘되고 소통이 잘된다. 그러므로 어떤 일이든 쉽게 풀리고 쉽게 해결한다. 그것은 본인의 마음이 그만큼 둥글고 넓다는 뜻이며, 이해를 많이 한다는 뜻이다. 그렇기 때문에 동쪽사람과 대화하고 서쪽사람과 즐기며, 남쪽사람과 사업을 하게 되는 것이니 순수하며 협동과 상부상조를 잘하는 사람이다. 그렇기에 자연의 혜택을 더욱 많이 보는 것이며, 마음의 여유 또한 많으니 폭넓은 인생을 사는 것이다.

그러나 方局을 가진 사람은 그만큼 아집과 독선을 탈피하지 못하며 들어오는 복을 스스로 차버리는 결과이다. 물론 때에 따라서는 필요할 때도 있지만 그것은 부분적이요, 사회가 요구하는 근본은 협동과 상부상조인 것이다. 우리가 상식적으로 생각하고 판단해도 겨울만이 존재한다면 역사의 변화는 없는 것이다.

그러면 자기 말만 내세우고 자기 위주로만 살며 내자식만 자식이고 남의 자식은 내 자식이 아니니 죽거나 살거나 알 바가 없다면, 모두가 그런식으로만 산다면, 사회나 국가는 어떻게 되는 것인가. 한번 깊게 누구든지 반성해 볼 필요가 반드시 있는 것이다. 인생은 죽을때까지 깨우쳐도 삼라만상을 모두 이해치 못하고 죽음으로 가는데 나만이 제일이고 내가 배운 학문만 제일이라고 떠들어대며 남을 무시하고, 얕보고 멸시하고, 헐뜯는 행위를 한다면 나는 결국 못났고 바보며, 비굴하고 수치스러운 인간이라고 자처하는 것과 무엇이 다르겠는가. 왜냐하면 인간은 기계가 아니기에 완벽하질 못한 것이니, 완벽하지 못한 내 자신이 어찌 남을 얕보고 흉보며, 헐뜯을 수 있단 말인가. 그렇기에 더욱 협동하고 상부상조하여 발전시키고 변화해야 하는 것은 기정 사실이며, 더욱 삼라만상의 이치를 깨닫기 위하여 연구하고 노력해야 할 것이다. 아울러 方局은 예를 들어 亥子丑이면 亥子丑이 모두 있어야 성립이 되는 것이니, 3字 중에서 어느 한자만 빠져도 方局의 성립은 안되는 것이다.

그러나 三合은 장생과 제왕만 있어도 半合으로 성립이 되고, 묘인 영토와 제왕만 있어도 성립이 된다. 따라서 예를 들어보면 巳丑만 있고 酉가 빠지면 三合의 성립은 안되는 것인데 다른 三合도 마찬가지다.

寅戌×　午戌○　寅午○　申辰×　申子○
子辰○　亥未×　亥卯○　卯未○

13. 沖의 해설

앞에서 설명한 子—午沖, 卯—酉沖 등은 어떤 성분을 지니고 있는가를 알아보자면 예를 들어 한사람의 네기둥 여덟글자중에 子—午가 있을 때, 그 사람의 성격은 어떻고, 卯—酉沖이 있는 사람은 어떤가를 분석하는 것이다. 따라서 沖은 이웃과 이웃에서만 성립되며, 떨어져 있다면 沖이 아닌 것으로 보아야 한다.

예를 들어 辰卯酉戌이면 沖이 된다.

그러나 卯辰酉戌은 沖이 안된다. 그러므로 卯酉辰戌(성립), 辰戌卯酉(성립) 된다. 또한 강약으로도 성립되는데 그것은 점차로 설명이 된다.

(1) 子—午沖

子는 땅이요 午는 하늘이다. 그러면 하늘과 땅이 충돌하는 격인데 나라와 나라를 빼앗는다는 주권투쟁이 촛점일 것이다. 그렇다면 우리가 상식적으로 생각해도 불과 물이 서로 부딪혀 싸우는 형국이니 얼마나 마음의 동요가 심하겠는가. 아울러 이 사람의 마음은 항상 큰 것을 잡기 위하여 노력할 것이며, 앞으로 설명되는 왕쇠 강약에 의하여도 좌우되는 것이다.

예를 들어 왕성한 기가 있는 사람이라면 언제든지 분발 할 것이므로 해외무역을 통하여 막강한 경제권을 장악할 수도 있고, 기가 약한 사람이라면 항상 마음속에 갈등과 고민이 뒤따를 것이므로 앉은 자리에 가만히 있지를 못하여 공연히 바쁘게 동분서주하게 되는 것이다.

그것은 자신도 모르는 사이에 마음과 정신에서 생기는 현상이므로 공연히 남을 비방하고 헐뜯는 행위를 거침없이 할 수도 있는 것이다.

아울러 子午는 서로가 엉켜서 작용을 못하는 것으로 보아야 하니, 天干에 十干의 활동이 부진할 것이므로 앞서 설명한 것과 같이 天干에 壬癸水가 있거나, 丙丁火가 있다면 항상 地支에서 공급을 받아 움직이는 것인데, 공급은 하지않고 둘이서 부딪혀 싸움을 하고 있으니 활동은 부진해지고, 그에 따라 일어나는 부작용도 있을 것으로 보아야 하며, 그러한 뜻을 지니고 있는 것이다.

그래서 子午沖이나 卯酉沖이 있는 사람은 무역계통에서 해외활동을 많이하게 된다는 것인데 왜냐하면 子도 제왕이요, 午도 제왕이며, 卯도 제왕이요, 酉도 제왕인데 한 나라엔 국왕이 하나 뿐이니 여러 제왕이 앉을 자리는 없는 것이다. 그래서 해외로 떠돌아 다니며 앉을 자리를 찾는다는 뜻으로 설명하는 것으로 무역계통을 말하기도 하고, 정치계통으로도 많이 진출한다는 뜻을 지니고 있는 것이다.

(2) 卯酉沖

음양에는 하늘인 太陽과 땅인 太陰이니, 하늘은 午요 땅은

子다. 그런데 卯는 午를 보좌하는 少陽이요, 酉는 子를 보필하는 少陰이다.

그러면 왕을 보필하는 비서실장과 같은 것으로 서로가 충돌하는 이유는 애정이나 기분보다 권리와 이해관계가 촛점일 것이나. 왜냐하면 정상의 왕권은 차시할 수 없기 때문에 세력에 의한 파벌을 조성할 수도 있을 것이요, 벼슬과 돈에 관한 탐욕과 감투에 대한 집념도 대단할 것이므로 양보와 이해를 멀리하고 생사를 좌우하리만큼 치열한 다툼이 있음을 암시하는 것이다.

그래서 卯酉가 있으면 안정된 직장이나 사업 또는 가정을 갖기가 어렵고, 멀리 떠도는 나그네처럼 이동이 심하다는 뜻을 내포하고 있는 것이다.

(3) 巳亥冲

巳는 午의 제왕이 거느리고 있는 장생이며, 亥는 子의 제왕이 거느리고 있는 장생이므로 巳亥는 서로 부딪히면 세도를 즐긴다. 제왕처럼 왕성한 능력이 있는 것이 아니라 어린 장생이니 경거 망동의 행동을 거침없이 하면서도 후회나 뉘우침이 없다.

그것은 경거망동을 하고 있다는 사실조차 모르기 때문이다.

따라서 호의호식을 즐기고 교양이 부족하므로 감정과 기분에 좌우되기가 십중팔구이며, 하찮은 일을 가지고도 크게 확대시키니 긁어서 부스럼을 만드는 것이다.

이처럼 巳亥가 있는 사람은 배경을 좋아하고 애정의 풍파가 있으며 평생에 걸쳐 작고 하찮은 일로 재난을 초래할 우려가 있다는 뜻을 내포한 것인데, 이런 사람은 자중하고 한 번 더 생각해서 행동해야하며 신중을 기하는 것이 좋을 것 같다.

(4) 寅申沖

巳亥와 대동 소이하나, 寅申은 남녀간의 애정상에 풍파가 많은 것을 암시하니 여자나 남자나 자중하는 것이 최선의 방책일 것이다.

(5) 辰戌沖 丑未沖

三合에서 辰은 水가 묻히는 묘이며, 戌은 火가 丑은 金이 未는 木이 각각 묻히는 무덤인데, 한마디로 늙은 상태를 알 수 있는 것이다.

그렇기에 젊은 사람처럼 애정이나, 우정이나, 세도나, 정치가 아니라 오직 늙으면 돈이 제일이라고 돈이 목적이다. 그래서 네기둥인 地支에 辰戌丑未가 모두 있는 사람은 짜기가 소금보다 더 짜기 때문에 돈이 아니면 대화가 불통이므로 신의와 인정은 거리가 멀어, 동기간이나 친구와도 강한 탐욕 때문에 외면 당하고 냉대를 받는 것이다.

그렇기에 이런 사람은 돈 보다도 믿음과 사랑과, 도량과, 이해에 힘쓰는 것이 좋은 비결인 것 같다.

14. 十干의 변화

앞서 十干론에 설명하였듯이 甲은 亥에서, 丙은 寅에서, 庚은 巳에서, 壬은 申에서 장생을 하는데 이것을 좀 더 알기 쉽게 설명하자면 봄이요, 생기며 陽干인 甲은 亥(10月)에서 태어나 점차로 크기 시작하는데, 이 과정은 인간이 부모 밑에서 성장하는 과정과 같은 것이므로 그 변화되는 과정을 살펴보는 것이다.

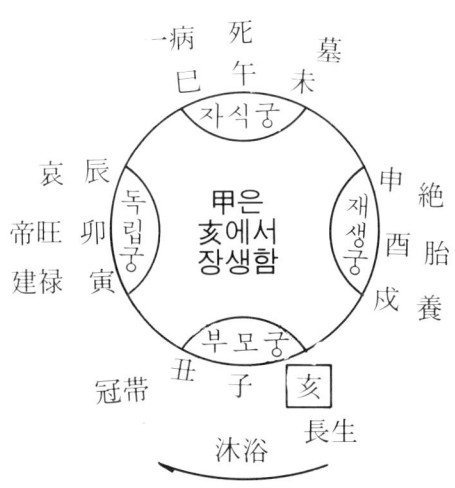

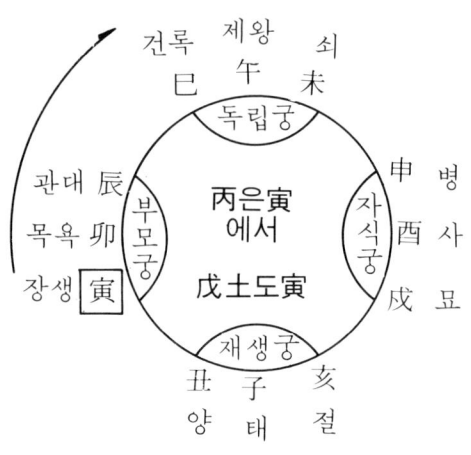

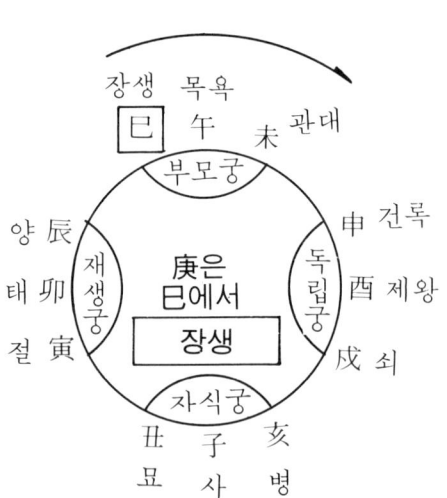

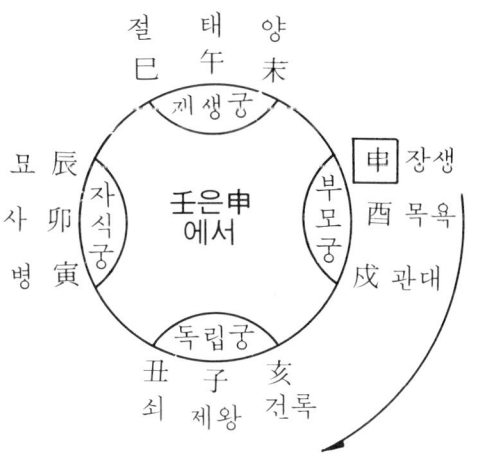

　그림과 같이 甲은 亥에서 장생, 子에서 목욕, 丑에서 관대
인데, 이때는 부모궁에서 성장하는 시절이며 사람도 부모 밑
에서 성장하여 학교 다니는 시절과 같으니, 관대는 이제 고
등학교나 대학교 졸업 단계로 보면 되는 것이다.

　고등학교나 대학을 졸업하면 결혼도 하고 사회로 진출도 하
므로 부모 곁을 떠나 독립을 하게 되는 것인데 그렇기에 건
록 제왕이라 했으며, 그때가 가장 왕성한 전성기 시절임을 말
하는 것이며, 병·사·묘는 자식을 모두 성장시킨 후 늙은것
과 같다. 인생도 늙으면 자식에 의지하여 살게되므로　자식
궁이라 했으며, 재생궁은 늙으면 죽음에 이르고 새로운 생명
은 태어나는 宮을 말한 것이다. 그러면 이와같은 장생·목욕
·관대 등은 어떤 의미를 말함인가를 설명하자면, 네기둥 여
덟자인 四柱八字를 먼저 구성하여 설명을 들어야 이해가 빠
르다.

당신의 나이가 금년에 45세요, 생일은 양력 3月 25일이며, 태어난 시간은 아침 8시 20분이라 했을때, 네 기둥을 구성하자면(이것을 命式이라 함) 남자는 乾命(건명)이라 하고 여자는 坤命(곤명)이라 함.

서기 1938年
단기 4271年

모친의 자궁이므로
나는 이곳에서 태어
나니 가장 중요한
비중을 차지함.

君(임금이자 本人이다)

壬 丙 乙 戊 （干）

辰 辰 卯 寅 （支）

時 日 月 年

↓ ↓ ↓ ↓

時 日 月 年

柱 柱 柱 柱

← 우에서
좌로 씀.
乾命.
45才.
2月 (음력으로)
24日
辰時가 됨.

※ 만세력이나 백세력
으로 산출하며 산출방
법은 점차로 설명

이와같은 네 기둥으로 구성되었으면 나는 日柱의 간(干)이다. 그러니 내가 君인 임금이요, 나머지 7字는 모두 신하요 아래 사람인데, 7臣이 나에게 충성을 다하면 나는 편하고 행복할 것이나, 나에게 해만 끼치는 신하들만 모였다면 임금인 내가 살아가는 과정이 편하지 못할 것이다.

따라서 本 四柱는 임금이 丙火 日柱로서 年支에 長生이 있고, 月支에 沐浴이 있으며, 日支와 時支엔 冠帶가 있다.

따라서 陽干이 죽는 死에서 陰干이 장생하는데, 그것은 즉 태양이 저물면 저무는 곳에서 陰이자 달이 태어남으로 陽은 陰에서 죽고, 이튿날 태양이 솟는 곳에서 달은 死하니, 陰은 陽에서

죽는 것이다. 그것을 陰生陽死 陽生陰死라 하며 陽干은 ⤴순
행 하고 陰干은 ⤵역행을 한다. (그림 참조)

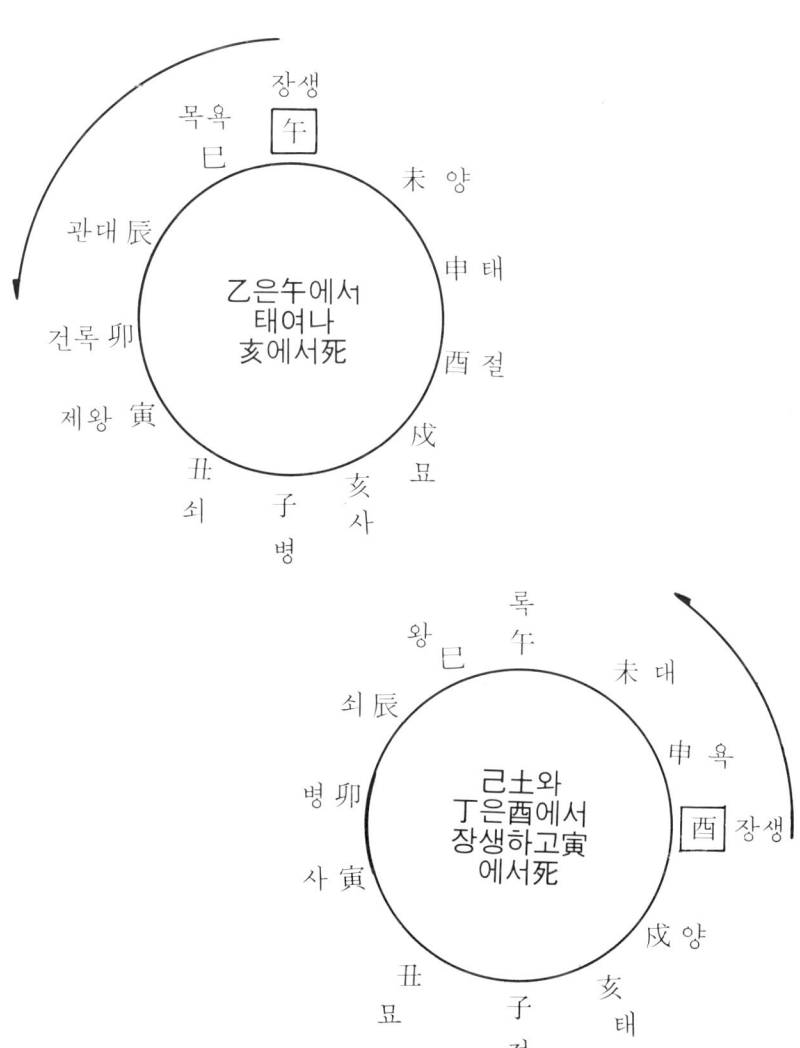

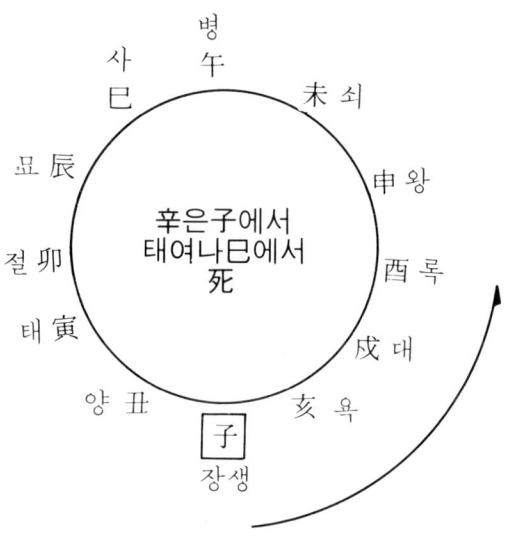

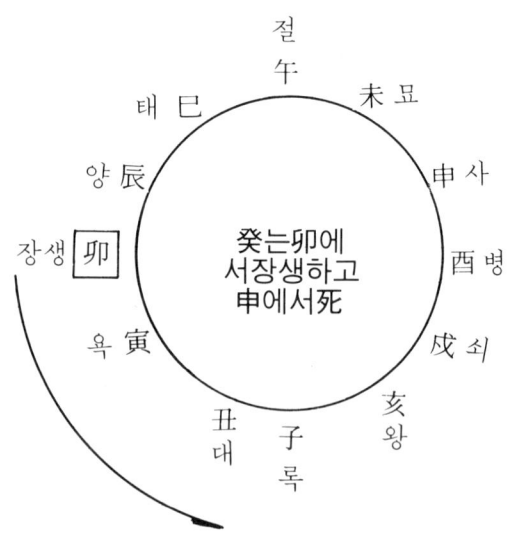

따라서 戊土는 丙火와 함께 가고 己土는 丁火와 함께 가니,
己土는 酉에서 장생하고, 戊土는 寅에서 장생하는 것인데 戊
己土는 辰戌丑未에도 해당한다.

15. 十二支 성격

(1) 長生 (장생)

장생이란 이제 태어난 과정을 말하는 것이다. 앞서 十干에서 설명하였듯이 무엇이든 장생으로 태어나려면 그만큼 어렵고 힘든 과정을 거치면서 성숙되어야만 비로서 장생으로 태어날 수 있는 것이니, 인생으로 비유하면 어린 생명과 같은 것인데, 그 어린 생명이 가지고 있는 氣는 오직 청결하고 깨끗한 것 뿐이므로 순수하고 진실할 것은 말할 나위도 없을 것이다. 그것은 사랑과 평화와, 질서를 상징하는 것과도 같은 것이다. 그렇기에 자연이요, 인간은 그를 보살피는 것으로 보아야 할 것이다. 아울러 장생인 그 어린생명도 그와같은 특수의 무기가 있기에 알몸으로 두주먹만 불끈쥐고 나온 것이 아닐까 하는 것이며, 한편으론 누구든 이 세상을 살아감에 있어 자기처럼 깨끗하고, 순진하며, 천진스럽고, 진실하게 살아간다면 알몸에 두주먹만 있어도 자연은 필연적으로 혜택을 줄 것이란 것을 미리 예시하고 있는 것으로도 볼 수 있는 것이다. 그렇기에 그는 아무런 힘도 능력도 없지만 강자인 부모하에 엄격한 보호를 받으며 성장할 수 있는 것이 아니겠는가. 이것은 비단 인간만이 아니고 삼라만상이 그러하지만, 특히 인간에 비유한 것인즉 인간도 누구나 장생부터 출발하였으니 선천적으로 태어날 때는 깨끗하고, 고귀하며, 진실하고, 어질다는 것을 알 수 있는 것이며, 또한 인간의 마음엔 언제나 장생이 있다는 것을 한마디로 표현하고 있는 것이라 하겠다. 따라서 이와같은 장생은 항상 장생으로 있는 것이 아니라 성장하기 때문에 필연적으로 변화가 오는 것인즉 인간의 마음을 장생으로 보는 것이니, 악한 마음의 장생은 악으로, 선한 마음의 장생은 선으로 성장할것은 자명한 사실이다. 예를 들어 누구를 미워하는 장생이 있었다면 처음엔 장생이라 대수롭지 않았을것이나 점점 자라게 되는 것이므로 증오와 분노로 성장하게 되는 것이다. 이와같이 어느 이성을 생각하는 장생을 갖게 되면 처음엔 장생이니 대단치 않았으나, 점점 성장함에 따라 사랑과 그리움으로 변하여 하루라도 보지 않고는 견딜 수가 없는 것이다. 그것은 마치 씨앗과 똑같은 것이므로 악을 심으면 악이 나오고, 증오를 심으면 증오가 확대되어 나오며, 믿음을 심으면 믿음이 확산되어 나오는 것이다.

그래서 장생이란 대단히 중요한 씨앗으로 보는 것인즉 그 장생 자체는 악이건, 선이건, 믿음이건, 사랑이건 간에 순수한 장생인 고로 자라나게 되는 것이다.

그와같이 十干도 木이면 木으로 火면 火로, 성장하는 것이니 이에 속하는 삼라만상의 이치를 말하여 장생이라 한다. 아울러 네기둥 여덟자인 四柱에 장생을 가지고 있다면, 그 장생은 짙은 상태이므로 예를 들어 보석으로 친다면 인공이 아닌 자연에 해당되는 진가의 보석인 것이다.

따라서 그 장생의 이름은 콩인지, 팥인지를 日柱로 가려내는 것인즉 예를 들어 당신은 甲이요, 月支에 亥가 있다면 당신은 바로 농도짙은 장생에 해당하며, 그것은 자신이 가지고 있는 것이므로 자신의 노력으로 자신이 키워서 잘만 가꾼다면 다른것 보다도 장생이란 맑고 깨끗한 것이기 때문에 얼마든지 보람있고, 알차며, 빛나게 살아갈 수 있음을 암시하고 있는 것이다.

따라서 자기 四柱에 장생이 없어도 앞서 설명대로 누구나 마음이란 장생은 가지고 있는 것인즉 좋은 씨를 구하여 심고 가꾸기에 달려 있다고 보면 틀림이 없는 것이며, 이러한 이치 때문에 인류사회속에 어린 장생들의 가정교육을 절실히 요구하고 있는 것인바 욕을 심으면 욕이 나오고, 믿음을 심으면 믿음은 성장하게 되는 것이다.

아울러 좀 더 설명하자면 장생이란 그와같이 순수하고 깨끗하므로 당신의 四柱에 만약 月支에 장생이 있다고 가정하면 당신은 다른 사람보다도 순수하고 깨끗한 성분이 70%정도 더 많은 것인즉 필연적인 보호자를 요구하는 것과같이 단독으로는 무엇이든 안될것으로, 세월과 시간이 흐른 후에 한다면 적중할 것으로 보는 것이며, 장생은 누가 생각해도 모방성은 강하나 창작력은 부족할 것인즉 예능이나 기능계가 적성이 아닐까 보게되는 것이다.

그러나 앞서도 설명한 것과 같이 사주란 절대적은 아니다. 다만 네기둥을 거울로 본다면 틀림이 없다.

여자가 화장을 하려면 거울은 필히 있어야 하듯 거울을 보는 것은 다듬고, 고치는 발전의 현상을 갖기 위하여 보는 것인즉, 화장이 필요없고 고치고 다듬는 과정이 필요없다면 거울은 결코 필요없는 물품일 것이며, 또한 들여다 보지 않으면 고칠수도 다듬을 수도 없는 것이 아닌가. 이와같이 네기둥 여덟자를 거울로 생각하면 좋은 것은 고칠 필요가 없을 것이나, 나쁜것은 고칠 수 있는 것인즉 고치고 다듬자는 목적이 가장 중요한 것이니 화장을 안고치면 남보기 흉할 것은 자명한 사실인데, 그 화장을 고치고 안고치는 것은 당신의 마음이 아닌가. 아울러 장생은 순수한 気의 원천이기에 무궁무진한 발전성을 내포하고 있으며 털끝만큼의 気가 소모되지 않은 상태인 것이다.

(2) 沐浴(목욕)

목욕이란 인생으로 치면 이제 장생을 벗어났기에 젖 떨어진 단계로 보는 것이므로 기어다니며 걸어 다니는 시절이다.

이때는 잘잘못을 모르며 좋고나쁨을 모른다. 뜨거운 국을 잡아당겨 엎었으니 실패요, 방바닥에 오줌을 쌌으니 실수다. 그러나 본인은 그것을 모르고 똑같은 실패와 실수를 거듭한다.

이제는 어느정도 세상을 알게 되었음으로 극하고 지배하고 싶어 어쩔줄을 모르는 것인데 다른사람의 입장에서 볼때는 실수요, 실패지만 본인은 그같은 일에 의욕적인 자신만 있지 하는 행위가 잘되고 못된 판단은 전혀 알수가 없는 것이다.

그래서 오직 제멋으로 제멋에 의하여 살아가자니 오판과 실패가 많을 수 밖엔 없는 것이다. 왜냐하면 장생시절의 순수하고, 맑았던 気는 소모가 시작되었으니 세상을 적응시켜야 할 새로운 気는 흡수해야 할것이므로 일대 전환기가 분명한 것이다.

그렇기에 어린 목욕시절엔 홍역을 치루는 것이며 갈팡질팡 걸어다니며 일만 저지르게 되는 것이니 무엇이든 미완성이 분명할 것이다. 밥그릇을 던졌는가 하면 물그릇을 엎어놓고 재털이를 뒤엎는다.

그와같이 이것도 손대고 저것도 손대며 오직 일을 저지르기 위하여 동분서주 하니 유시무종이요, 성패가 무상하다. 장난감을 가지고 놀아도 이것저것 손을대니 시종일관이 없다.

그와같이 싫증과 권태가 심하며, 언제나 새로운 것을 원할 것이다.

능력과 요령이 부족함으로 달콤한 것만 주면 어디든 따라 가듯 유혹에 쉽게 넘어갈것이 분명하다.

그러나 자신이 저지르는 것도 멋이듯 멋은 있으니 평소에 교양과 학문과 덕망에 힘쓰면 진정 멋있는 멋으로 변할것은 틀림없는 사실로서 萬人의 향기로 천추(千秋)의 名을 남길 수 있는것이 분명할 것이다.

이와같은 이치를 목욕이라 한다.

(3) 冠帶(관대)

관대는 정신적으론 부족하지만 육체적으론 성장하여 이제 부모곁을 떠나 독립할 준비를 하고 있는 시절이니 고등학교 졸업할 단계라 할 수 있으며 벼이삭이 장생 목욕시절을 지났기에 어느정도 여물어 가는 단계가 분명하다.

그러기에 자기 딴에는 무엇이든 자신이 있다는 뜻으로 고개를 반짝 쳐들고 숙일줄을 모르며 天上天下 唯我独尊으로 군림하고 싶어 무한 애를 쓴다.

그러다보니 안하무인이요, 큰소리 또한 대단하고 용기가 충천하며 박력과 기백이 대단할 것은 당연하다. 이제 결혼만 하면 어른이란 생각때문에 자존심이 강하고 안하무인이며, 我執이 대단한 것이다.

벼이삭을 보면 여물어 가기 시작할 것이므로 전진은 있으나 후퇴는 있을 수 없기 때문이다. 그와 같이 오직 먹어야만 성장하고 살 수 있음으로 옆과 뒤를 살필겨를도 없고 살피기도 싫을 것인즉 인정과 도량과 아량과 관용과는 거리가 멀을것도 사실이니 敵이 많을것은 필연적이다. 그러다보니 좋은 기회가 있어도 얻지못할 것은 당연한 것이므로 그때 많은 그 기회를 잡기 위하여 머리를 숙이고 청탁을 하지만 일단 목적을 달성하면 언제 그런 청탁을 했더냐 하는 식이니 좋다고 할 사람은 아무도 없을 것이다.

그러나 본인은 그것을 모르고 있기에 거침없이 그런 행동을 할 수 밖에 없는 것인데 혹 어느누가 충고를 한다면 자신의 비위를 건드렸으니 큰일나는 것이다. 그래서 그는 남의 허물과 과오는 조금도 용서하지 못하고 비판을 가하나 자신의 약점은 절대로 건드려서는 안되는 것이다.

그렇기에 유아독존으로 군림하는 것인즉 그런 사람이 손아래 사람을 사랑할 리 또한 없을 것이다.

쓸모가 있으면 후하게 대접할 것이고 그렇지 않다면 냉정하게 대할것은 당연할 것이다.

이는 오직 자기위주로 독선적인 행동을 하기 때문에 상대를 전혀 볼수도 없고 보이지도 않는 것이니 자신을 한번도 깨닫지 못한 결과인 것이다. 그래서 관대는 70%가 我執 뿐이다. 그러나 그에게도 장점은 있으니 열번 쓰러져도 지칠줄 모르고 재기하며 아무리 괴로워도 자신의 약점을 말하지 않는 강인한 인내력과 불굴의 투지는 있는 것이다.

그렇다면 그러한 불굴의 투지와 강인한 인내력을 유익한 것에 사용한다고 했을 때를 가상해 보면 이런 사람들이 바로 사회와 국가를 이끌어 가는 선봉장이 아니겠는가. 그것이 바로 관대의 성격이니 그는 주도치밀한 계획과 차분한 심사숙고와 관용, 아량, 도량을 목표로 수양하고 학문에 힘쓰면 사회적인 중견역을 맡게 될것은 자명한 사실일 것이다.

부디 벼이삭은 세월이 흘러야 단단하게 여무는 것이고 필히 여물 것이니 서두를 필요 또한 없을 것인즉 마음의 여유를 가져야 할것도 당연한 것이므로 아집과 독선도 탈피해야 할것이다. 물론 관대는 부모곁을 떠나려고 준비하는 단계인 만큼 직장생활은 성격에 맞지않을 것이나 세월이 흘러야 견고해지는 것이니 인화와 상부상조와 협동에 힘쓰며 때를 기다림이 좋은 결과의 길이 아닐까.

(4) 建祿(건록)

이젠 부모곁을 떠나 독립을 하였으니 벼이삭이 거의가 익어진 상태와 같으므로 관대보다는 월등하여 지식과 체력을 겸비한 형태로서 차분하고 신중하며 빈틈이 없고 철저하여 자신과 경험이 없는 일은 손대지 않을 것이고, 그만큼 자신도 있으므로 지배와 간섭은 배격할 것이며, 무엇이든 자신의 힘으로 해결하려 하고 해결해야 할것이다.

왜냐하면 부모곁을 떠났으니 보호자가 필요없을 뿐 아니라 보살펴줄 사람도 없을 것이기 때문이다. 사실 정신적으로는 고독할 수 밖에 없지 않겠는가. 그러나 능력도 있고 자신도 있을 것이나 너무 자신만만한 것이 탈이며 지나칠 정도로 세밀한 것도 탈이니 좋은 기회를 놓치기가 일쑤일 것이다.

앞뒤를 맞추어야 움직이니 세상일이란 판에 못박아 놓듯 분명한게 있는가, 그러나 그는 그런것이 아니면 일절 손내시 않으려 하므로 그것은 지나칠 정도로 빡빡함도 되며, 수완과 사교성과 진취성이 부족한 것도 되는것이 아닌가. 그러한 관계로 고도의 지식과 기술을 요하는 관리면에서 탁월한 재능을 발휘할 수 있으나 기회를 얻기가 어려울 것이다.

선천적으로 氣가 왕성하여 누구밑에서 일하기는 싫고, 부모와 떨어졌듯 독립을 추구함 때문이다.

또한 장생과 관대같이 성장하는 단계가 아니라 이젠 거의 언덕인 정상에 올라온 상태인 관계로 내려다만 보고 싶은 것과 같이 지배는 할 수 있으나 지배를 당하고 싶지는 않을 것이다.

아직 정상이 남아있는 것은 생각하기도 싫고 이젠 올라 올 대로 거의 올라온것만 생각해서인데 그것은 일종의 방심도 되며 타산도 되는 것이다.

그래서 그는 이리저리 지나치게 생각하게 되어 매사를 3번, 4번 생각하여 행동으로 옮기게 된다. 정상을 거의 올라왔으니 이젠 떨어지기는 싫고 조금만 실수하면 떨어질 것인즉 10년 공부는 헛일일 것이 아닌가, 그렇기에 더욱 한발 한발을 신중하게 재지않을 수가 없는 것이다.

그러나 세상인은 그사람의 그런 고애를 알수가 없는 것이기에 하기좋은 말로 지나치게 이리재고 저리재니 사람이 박력이 없고 좁쌀처럼 잘다고만 한다.

그러나 실제로 그는 그렇지는 않다. 의리도 강하고 진실하다. 다만 안전만을 위주로 행동하기에 남보다 생각이 많고 생각을 많이 하다보니 내성적일 수 밖에 없는데, 그것은 자기의 생각을 발표하면 자기 수준을 능가하는 사람이 많지 않기 때문이다. 자신은 정상에 거의 올라온 수준이 아닌가. 그렇기에 더욱 과신하며, 검토하고 주저하게 되는 것인즉 흠이 되기도 하는 것이다.

그같은 이치를 건록이라 하였으니, 건록은 자립을 추구함으로 필연적인 자수성가임이 분명하다.

따라서 건록은 더욱 이해와 상부상조와 협동이 절실한 것이다. 밑에서 올라오는 후대를 이끌어야 하고 지휘해야할 책임이 있기 때문이다.

(5) 帝旺(제왕)

태양이 높이 떴으니 정오이며, 캄캄한 밤이 궤도에 올랐으니 밤으로서 정상이요, 벼가 완전히 성숙되었으니 제왕이며, 가장 높은 고지에 올랐으니 제왕이라 한다.

이것은 인생으로 비유하면 장생, 목욕, 관대, 건록은 언덕을 올라오는 단계이므로 오직 한쪽 면만 바라보며 오르는 것을 목표로 하였으나 제왕은 정상에 올랐으니 이쪽저쪽을 내려다 볼 수 있으며, 언덕을 오르려면 힘든 것도 깨닫게 되었고, 오르는 절차와 방식과, 단계와, 계층도 깨닫게 되었기에 배고픈 사정도 알고 배부른 사정도 알게된 것과 같이 수완과 역량도 능수능란하며 이해, 관용. 아량, 도량도 넓을 것이다. 산전수전을 다 겪었으니 오죽하겠는가 ! 그처럼 지력과 체력이 왕성하며, 만사에 능소능대할 것이며 또한 전성기가 아닌가! 그것은 완벽한 두뇌와 과감한 용기, 불굴의 투지, 비범한 수완을 겸비하였기에 차지한 정상일 것이며, 또한 그렇기에 그 정상을 오를 수 있었을 것이다.

그렇나면 그만큼 책임도 과중한 것이 분명한즉 올라오는 후대와, 내려가는 선대를 살펴야 할 것도 당연한 것이 아닌가. 그렇기에 그는 신세지는 것을 싫어하고, 신세를 지면 속히 갚아야 시원하며 술을 사도 자신이 사야 시원할 것이다.

제왕이기 때문이다. 호주호색할 것이며 호탕할 것이나 제왕이기에 손을 벌릴 수 없는 것과같이 비위가 약할 것이며, 내성적이 분명하고 我執과 자존심이 강할 것이므로 일체의 간섭과 지배를 거부할 것이며 포섭과 조직력도 비범하며, 인내력도 강할 것이다. 아울러 정상을 차지한 제왕이니 덮어놓고 我執을 세우거나 쓸데없는 허세는 피할 것이며, 이쪽 저쪽을 살펴야 하듯 언제나 평상의 중용을 지킬 것이며, 한쪽만을 생각할 수 없듯이 나의 가정만을 생각하기는 어려울 것이니 처가쪽을 생각함도 당연하며 사위와 며느리에 깊은 관심을 가질 것도 당연하고 아들 딸의 형편, 이웃과 이웃의 형편을 살필 것이 분명하다.

직장역시 대기업이 아니면 적성에 안맞을 것이며, 무엇을 해도 적은 것은 싫어할 것이다. 그러나 이쪽저쪽 살피며 거느리고 시달리기 어려움은 많을 것과 같이, 사람으로 인한, 실패도 많을 것이다.

그것은 자신이 제왕이므로 누구를 의지해서는 실패가 많을 것은 당연하다. 그것은 자신이 돌봐주어야될 입장에서 남에

게 의지한다는 것은 실패를 하자는 것과 똑같은 것이 아니겠
는가. 그래서 제왕이라 하는 것이 아닌가. 따라서 제왕도 언
제까지 제왕은 없다. 장생은 자라고 제왕은 늙어야하니 언제
나 조용히 내려가야할 마음의 준비가 필요할 것이며 더욱 무
거운 책임을 통감해야할 것이 아닐까보는 것이며, 그런 이치
를 내포하고있는 것이 제왕이다.

(6) 衰 (쇠)

역사의 흐름속에 제왕을 거쳐 조용히 왕관을 벗고 내려 가
야할 시기를 맞은 것이니, 제왕에서 왕성했던 気가 점점 쇠
퇴하는 것이다. 그에따라 박력과 용기는 감퇴하고, 적극성도
줄어들며 활동과 발표력도 감퇴하여 만사에 소극적일 수 밖
에 없다.

그것은 소극적이라기보다 장생에서 제왕까지 거치는 동안
쓴맛 단맛을 알게되었기 때문일 것이다.

왜냐하면 장생에서 제왕까지는 오직 올라올 욕심밖에 없었
으니 반대편 내리막은 알 수가 없었으나, 쇠는 사정이 다르다.

이미 자신은 내려가는 편에 있지만 올라오는 심정을 알기
때문이다. 그러기에 그는 절대적인 환경에 순응한다. 강자를
이해하고 약자를 이해하니 원만한 성격이 분명하여, 我執과
자존심을 탈피할 것이므로 자신을 나타내기 싫어할 것도 분
명하다. 그러하니 처세술도 평범할 것이며 사소적이고, 소극
적일 것이므로 소박한 생활을 원할 것이며 멋과 사치를 외면
할 것으로 이상보다 현실적임이 분명하여 금고를 맡아도 사
고낼 염려는 없을 것이며 자신이 맡은 일만은 충실하게 해결

할 것이다.

그러나 氣가 약하니 마음도 약하여 인정때문에 남의일로 실패 또한 적지않을 깃은 분명한데, 이것은 내려가는 입징을 이해하기 때문일 것이다. 부부간에도 화합이 좋을 것은 분명하지만, 기력이 왕성한 부인을 만났다년 사히 환영받시 못할 것은 확실하나 여자의 입장이라면 원만하고 부드러워 순종을 택할 것인즉 행복한 가정생활이 될 것은 필연적이나 사실 남자로는 부족한 면이 많다고 보아야 한다.

기가 약한 때문이다. 그렇기에 독창성도 부족할 것이며 활발하고 쾌활한 직업도 맞지 않을 것이다. 같은 운동을 한다해도 조용한 탁구같은 운동을 택할 것같다. 그는 오직 조심조심 살펴가며 내려가는 것이 최선일 것이며, 그것만이 소원일지도 모르겠다. 그를 말하여 쇠라한다.

(7) 病(병)

인생은 늙으면 자식에 의지해야하고 병들면 병원에 의지해야 한다. 그것은 氣가 약하여 병이 발생한 것이고 氣가 약해졌으니 자식에 의지할 수 밖에 없는 것이다.

인생이 병들어 병원에 있으면 찾아오는 문병객이 제일 반갑고 문병객이 전해주는 선물또한 반가울 것이다.

자신의 氣가 그만큼 약하여 삼라만상을 지배할 수 없기 때문이다.

이는 제왕과 비교해 보면 너무도 현격한 차이를 알 수 있으니 제왕은 왕성한 기력이 있기 때문에 앞뒤를 다스릴 수 있었고 다스려야만 했으나 기력이 약한 병자는 아무리 전답이 많다해도 다스릴 수 없으니 많은 사람이 필요할 것이다.

그래서 많은 사람을 반겨하자니 다정다감할 것은 필연적이며, 자신이 약하여 매사의 조심하듯 노파심 또한 대단할 것이며, 병실에 있으려니 적적하고 고독할 것이므로 음악을 즐겨할 것이고, 병실에 있다보니 병원을 이해하고 알 수 있게 되어, 간호원·의사등과 밀접한 관계가 될 것은 정한 이치이다. 그와같이 병원과, 의사와, 약사와, 간호원의 인연이 많을 것이며 병이란 글자 그대로 病이니, 무병치는 못할 것이 분명하므로 건강하다해도 건강을 유의해야할 것이며, 사람은 氣가 약하거나, 약해지면 항상 고민과 비애와, 공상과, 환상과, 조바심 서두름, 번민등이 많을 것은 당연하여 결단력과 실천력의 결핍등이 발생할 것이다.

또한 환자의 입장에서 보자면 아파도 아프다고 하기는 싫은 법이 아닌가. 그래서 항상 아픈 것을 위장하기 위하여 명랑한 대화와, 회식하길 좋아하며, 즐거워하는 것으로 위장을 하고있으나 마음속엔 언제나 걱정이 있음을 부인하지는 못할 것이다.

또한 氣가 약한 관계로 담이 약하고, 용기가 부족하여, 남을 지배하는 것보다 봉사쪽을 택할 것이므로 사회활동을 통하여 名振할 것이 분명하지만, 무엇이든 서두르고 욕심을 부린다면 필연적으로 성공직전에 건강의 이상이 발생하여 헛수고할 것인즉, 욕심, 서두름, 조바심, 무리를 멀리하여 초급을 탈피함이 최선의 방책이 아닐까하며 지배보다, 지배를 당하는 직장생활이 안전하지 않겠나 보는 것이기에 그와같은 이치를 들어 病이라 한다.

(8) 死(사)

삼라만상이 그러하지만, 인생으로 비유하면 정신과 육체가 극도로 쇠퇴하여 죽음에 임박한 상태를 死라하니 이 세상에서 물질을 택하여 돈을 싸놓고 호의호식하는 것보다는, 서승에 대한 관념이 더 많아 3차원, 4차원의 세계를 알아 보기 위하여 과학을 연구하며, 종교와 철학에 관심을 기울일 것이고 살아있는 동안의 청산이나 결산도 깨끗하고, 확실하게 하고싶어할 것이며 지나온 것의 이지가지를 한번 더 훑어 보려고 취미생활을 즐길 것이니 등산, 관광, 여행, 음악감상, 극장, 운동구경등을 좋아할 것이다.

기백과 용기가 부족하기에 행동은 느리고, 실천력도 약할것이며, 육체적인 활동보다 정신적으로 무엇이든 해결하려 할 것이므로 고도의 학문과 지식을 발휘하는 의술, 종교, 철학, 과학계통을 원하여 학문의 기술을 발휘할 것이며, 그것을 연구하기에 항상 머리속엔 생각이 많으니 말이 별로 없을 것이므로 진실할 것이며, 진실하니 어디서나 환영받을 것은 당연하고 그러다보니 더욱 만사에 열성을 다하게 되어 분수를 지키게 되므로 사고낼 염려는 절대로 없을 것이며, 더욱 사회적 신임은 두터울 것이다.

이것은 비록 기백과 용기는 부족하여 적극성을 띠고 밀어헤치는 박력은 없으나 분수를 지킨다는 것은 자신을 아는 것이므로 욕심을 탈피하게 되는 것으로, 그때문에 사회의 신임이 두터운 것을 볼 수 있으니 자신의 길을 스스로 개척한 셈이 아닌가. 그와같은 형태를 死라 함으로 어린 사람이라도 정신은 앞서 있을 것이며, 항상 무엇을 생각하다보면 과묵할 것인즉 사교가나 외교관으론 부족한 점이 있을 것이며, 모든 연구나 노력이 필요한 계통은 적성에 맞을 것이며, 취미생활을 즐길 것이니 바둑이나 장기를 즐겨할 것이나 그것은 정신의 에너지를 극도로 소모하는 것인즉, 육체의 결핍을 유발시키는 원인이 되기도 할 것이 분명하다.

그래서 死는 気가 더욱 약한 것이 아닐까 볼 수 있으며, 같은 직장생활을 해도 외근보다 내근을 택할 것이며, 같은 내근에도 선전보다 기획을 선택할 것이며, 특히 인생을 이해하고 연구하는 철학이나 과학, 종교에는 남다른 관심을 기울일 것인데 이는 육체적 활동보다 정신적인 면을 요구하고 있음이 여실한 것을 알 수 있는 것이며, 특히 死는 陰이 죽는 곳이자 陽이 죽는 곳인즉, 그점을 깊이 통찰하면 더욱 사물의 이치를 간파할 수 있을 것이며, 그것을 바로 연구하고, 이해하려고 또한 이와같은 뜻을 보며 노력하는 것이 아닌가.

(9) 墓(묘)

인생도 죽으면 무덤으로 간다. 그것을 말하여 墓라 하니, 갇혀있는 형태를 연상하면 이치는 풀릴 것이다. 즉 활동하긴 싫을 것이며, 활동을 하지않으면 수입과 지출을 계산하게 되어 금융계를 연상하게 되며, 사치나 낭비보다 검소와 절약을 위주로 생활할 것이므로 소박하고 근면하며, 성실할 것은 필연이며, 대기업을 발족시키려고 애쓰는 것보다 튼튼한 직장에서 고정적인 수입으로 안정된 생활을 꿈꿀 것이며, 그것이 적성에 맞을 것이다.

그러자면 저축에 힘쓸 것은 명백한 사실이며, 사치와 낭비를 못할 것이니 기분에 의하여 벌리는 술자리는 생각도 못하며, 투기와 투자는 맞을리도 없고 생각도 하기 싫을 것이다.

이런 사람이 도박이나 노름을 좋아할 리도 없겠거니와, 한다 해도 재미볼 리도 없을 것이다. 오직 근면하고 성실하며, 진실할 것으로 판명됨으로 비밀을 소중히 여기고 약속을 소중하게 생각할 것이다. 어떤일을 맡기나 맡겨도 부도나 사고는 없을 것이며, 맡은바 임무에 충실할 것인즉, 모범 직원은 틀림없다.

그렇기에 신임 또한 두터울 것이나 박력과 기백이 없으니 용기와 기백이 충천한 혹자의 입장에서 볼 땐 너무 꽁생원이요 구두쇠란 말을 안듣고는 안될 것이나 그는 그런 것을 아랑곳할 리는 없고, 오직 초지일관으로 연구실에 갇혀 연구에 몰두하는 것도 적격일 것이며, 한가지 기술을 연마하여 그길을 가는 것도 맞을 것이니 무엇이나 어디든 간에 일정한 장소에서 꾸준하게 노력하는 것은 적성에 맞을 것이다.

취미에도 바둑이나 낚시를 택할 것은 분명하다. 아울러 墓는 十干들의 무덤인즉, 욕심도 많겠고 욕심이 많으면 구두쇠가 틀림없으며 墓는 墓로서 산소를 맡는 奉墓가 확실하며, 인생은 죽으면 남는 것은 묘가 남으니 필히 이름석자 남을게, 분명하다. 그것을 이치로 풀어보는 것인데 묘는 무덤처럼 테두리속에 갇혀있는 상태가 분명하여 어느 회사의 수위와도, 같다고나 할까 !

(10) 絶(절)

인생이 죽음에 이르면 정신과 육체는 분리될 것이 분명하여 절이라 하였으니 무엇이든 단절된 상태를 엿볼 수 있는것이다.

그와같이 인생을 비유하면 분리와 분리를 거듭할 것이 분명하므로 무엇이든 초지일관을 기대하기란 매우 어렵지 않을까 생각한다. 즉 절이란 글자 그대로 絶이니 무엇이든 미세하고 약한 상태가 아닌가. 그러기에 그는 유혹에 유혹을 거듭할 것이 분명하고, 성격상 이랬다 저랬다가 분명한 것이다. 왜냐하면 이럴 수도 저럴 수도 없기 때문인데 그것은 氣가 약한 관계로 갈피를 잡지 못하기 때문이다.

그만큼 마음의 줏대가 없다고나 할까. 그렇기 때문에 성격은 담백하고 조용한 것은 틀림없으나 권태와 피로로 인하여 변화를 해야만 마음이 시원하니 직업과 주거와, 사랑과 우정에도 항상 결핍이 따를 것이다.

그러한 결핍이 있다는 것은 그만큼 유혹할 수 있는 요소가 다분하게 있다는 것이니 항상 유혹할 수 있고, 유혹을 당할 수 있는 것이므로 쉽게 빠지고 쉽게 헤어나며, 쉽게 덥고, 쉽게 식으니 그야말로 용두사미요, 유시무종이 틀림없고, 입으로만 떠들 것인즉 겉은 화려하나 속은 비어있을 것이며 호랑이를 잡는 것이 틀림없지만 잡은 것은 생쥐이니 말과 행동의 차이가 심할 것은 분명하다.

이것은 고의가 아니라 부정확한 판단에서 발생되는 결핍때문인 것이므로 얼굴에 그대로 희·노·애·락이 나타날 것이다. 그렇다면 그것은 몸 전체의 반응이 민감하다는 것을 또한 볼 수 있으니 육감과 예감의 반응이 남보다 특이하여, 신기 내지는 영감이 있다는 말을 때로는 들을 것도 분명하며,

자신도 그런 것을 느낄 것이다.

이것은 민감한 반응때문인 것이다. 이와같이 민감한 관계로 변화를 즐기다면 과연 어떤 직업이 적성에 맞을까 보자면 써비스·예술·요리·酒商·흥행계통·미용·이용 등이 맞지 않을까 보는 것이며, 그것을 절이라하니 절은 변동을 암시하고 단절을 암시하므로, 절은 초지일관을 한다면 인간성이 부드럽고 담백한 관계로 누구에나 미움은 받지않을 것이 확실하므로 부디 초지일관을 목표로 신용과 믿음을 높이도록 힘써야할 것 같다.

그렇지않다면 직업과 주거와 애정에도 풍파는 많을것이 확실하며, 사회와의 격리도 분명한 것인즉 자기 스스로 함정을 파고 들어가는 결과이며, 이 또한 인생뿐 아닌 삼라만상의 이치가 아닌가하며, 그와같이 흔들리기때문에 絶로서 絶이 되는 것이다.

(11) 胎(태)

胎라 하면 무엇이든 발생되는 첫번째 과정을 말하는 것인데, 인생으로 비유하면 모체내에서 이제 인간으로 형체를 형성하는 상태라할 수 있으니 예를 들어 재물이 생기거나 어떤 일이 성사될 때, 이상야릇한 흥분이 발생하는 과정과도 같은 것이다.

만약에 당신이 어떤 일을 친구나 친지나 누구에게 부탁했다고 가정하면 당신의 입장에선 틀림없이 그일에 대한 확신이 섰으므로 부탁을 한 것이기에 일단 그일에 대한 胎는 성립이 된 것이며, 되고 안되는 것은 차후의 일이다. 그러기에 일단 일을 청탁한 단계에서부터 이상한 흥분과 감정이 치솟음은 당연한 것이며, 그에대한 기대에 의하여 마음이 누그러질 것은 당연하다.

청탁을 했으니 화를 내거나 고집을 피울 수는 없는 것이므로 대화가 부드럽고 온순할 것은 필연적이다.

그와같이 胎는 유하고 부드러우며, 기쁨과 환희에 젖어있을 것이며, 악의 또한 없을 것은 기정사실이다.

또 한편 부탁을 했으니 될 것으로 보지만 과연 안된다면, 어찌할까하는 생각도 있는 것과같이 마음의 불안과 공포증같은 현상도 있을 것이다.

그것은 나는 인간으로 태어나는 것은 기정사실이지만 여자로 태어날지 남자로 태어날지 궁금한 감정을 갖는 것과도 같은 것이며, 내가 하지 못하여 남에게 부탁하였고, 나혼자 태어날 수 없기때문에 모체를 빌려서 태어나듯 언제나 누구에게 의지하고 기대길 좋아할 것이며, 모체를 빌리고 누구에게 청탁을 하는 것은 나의 노력이 아닌 것과 같이 자신의 노력은 부족할 것이 틀림없고, 남에게 청탁을 하였으니 남의 청탁 또한 받아주지않을 수는 없다. 그러나 이제 발생되는 과정이니 자신의 힘으론 안될 것이 확실하다.

그렇듯이 남의 청탁을 수락하고 그것을 해결하지 못한 관계로 신용을 잃을 농도는 짙은 것이다.

그것은 절대로 고의는 아니다. 다만 모체인 인간속에 있듯이 흐르는 인정과 감정에 의하여 앞뒤를 살펴볼 겨를도 없이 거부하지 못하고 수락했기때문인데 남의 청탁을 무시해 버리거나, 아랑곳하지는 않으며, 해결하려고 노력은 기울이나 성사가 안되는 것 뿐이다.

그러한 관계로 현실엔 어둡고, 결단성이 부족하다 보니 따라오는 현상은 우물쭈물이 필연적이며 좋은 기회를 낳이 상실하게될 것이다. 또한 모체내의 태아는 가장 두려워하는 것이 폭력일 것이므로 과격이나, 폭력과는 거리가 멀 것인즉,

고상하고 이상적일게 틀림없어 깨끗하고 화려함을 택할 것이며 모체를 의지하듯 부모에 의지하고 형제에 의지하며 친구에 의지하고 아내에 의지할것은 필연이나 모체의 강약에 영향을 받듯 배우자의 영향력을 필연으로 받을 것이며 모체내에서 세상 밖을 모르듯 현실에 미숙하고 어두울 것이 분명한 즉 인생관의 목표가 정확하지 못할것이며 인생관의 결핍이 있으니 고민도 있을 것이며 필연적 변동이 따를것은 명확한 것이다. 또한 胎는 아직 남녀로 구별되지 않았기 때문에 좋고 나쁨이 없을 것이며, 남녀를 구별하지 않을 것이므로 동성과 이성간의 폭넓은 교제를 갖듯 사교가 풍부할 것이나 결혼문제만은 심각하지 않을 수가 없을 것이다.

왜냐하면 나는 여자로 될까, 남자로 될까, 의문이기 때문이다.

아울러 胎는 과연 모체내에서 아무탈없이 성숙하여 출생할 수 있을까 하는 의문도 있을것과 같이 초조하고, 불안한 심정이 언제나 마음속에 있을 것이다.

(12) 養(양)

이제는 모체 내에서 남이나 녀로 확실하게 구분되었고, 또한 완전히 성숙되어 모체와 분리만을 기다리고 있는 상태이니 둥글 둥글 원만한 노신사와도 같은 형상이다. 불안이나 초조

와는 거리가 멀고 침착하며 너그럽고 원만한 폭넓은 사교로서 폭넓은 인생을 살것이 분명하다.

이는 자연이나 인생이나 똑같은 것인즉 화장실의 에너지는 악취만을 풍기므로 파리나 구더기만 모여들고 아름다운 향기를 뿜어내는 꽃은 벌과 나비가 찾아오듯 인간도 마음속에 향기가 있으면 어질고 착한 사람만 만나게 되며, 독한기가 있다면 독하고 골치아픈 사람만 사귀게 되니 만사는 자신이 스스로 불러들인 결과에 의하여 댓가를 치루고 받는 것이다.

그래서 물은 물끼리 통하고, 사람은 사람끼리 통하지 짐승과 통할리는 없는것과 같이 학교시절을 보아도 착한 사람은 어질고 선한사람끼리 통하고, 불량자는 불량배 끼리 통하는 이치와 같이 욕심을 부리면 필히 욕심만 무더기로 생산할 뿐 양보와 이해를 생산하지는 못하는 것이다.

그와같이 養은 자기 스스로 원만하고, 너그러운 마음 때문에 인생을 살아갈수록 점점 생활이 윤택하여지므로 중류이상의 생활을 할것이 틀림없고 사람이 너그럽고, 원만하여 도량 관용, 이해가 있으니 자식이 없는 사람이라면 선뜻 양자로 삼을 것이며, 양자가 되었으니 가산 상속은 필연적이고 가산을 상속받듯 祖業을 계승하게 될것도 필연일 것이다. 그는 마음의 여유가 충만한 관계로 무엇이든 서두르지 않을것이므로 사업을 해도 일시적 보다는 장기를 택할 것인즉 상품을 만들어도 근본성을 추구할 것이니 일시적을 노리고 날렵하게 생산하는 것보다 질과 양의 향상을 높일것이 분명하며 모체와 분리되어야 세상에 태어날 수 있는 변화를 하듯이 부모형제와 분리되어야만 만사가 형통될것이 아닐까 하며 부부간에도 자주 떨어져 생활하는 경향이 있을 것인즉 남녀간의 이성교제는 금기로 해야 할것이며, 모체의 힘을 얻어 성숙되었듯이 의지와 노력의 결핍은 있을것이며 독창성도 적을것이 분명하다.

무리를 싫어하여 서두르지 않는 면도 있겠으나 때에따라 모체에 고통을 주듯 가정상의 고통도 간혹은 있을 것이며 서두르지 않는것과 같이 무엇을 하던 급진적 도약은 기대하기 어렵고 단계적 발전은 확실하여 초년보다 중년, 중년보다 장년, 장년보다 노년이 갈수록 좋아질것은 자명한 사실이다. 또한, 모체에서 분리되어 세상에 태어나면 세상은 넓고 환하듯 넓은 시야를 가지고 있을것은 확실하며 그러기에 여유가 있고 둥글며, 원만할 것이고 그렇기에 또한 돌아오는 혜택도 큰것이라 보는 것인데 그런뜻을 말하여 養이라 한다.

16. 大運

　인생을 한대의 자동차로 비유한다면, 네기둥 여덜글자인 甲子, 乙丑, 戊寅, 己卯는 자동차요, 자동차가 출발하여 진행하는 행로는 대운에 해당한다.

　그러므로 자동차가 가는길이 탄탄 대로라면 짐을 싣고도 무난히 운행하여 갈 수 있으나 산간벽지의 행로를 만났다면 화물은 고사하고 빈차로도 운행하긴 힘들것인즉 짐짝까지 실었다고 하면 진행하는 운로인 대운의 행로는 험난하기 그지없을 것이며, 엎친데 덮친격으로 계절에 의하여 빙판까지 만났다면 차는 어떻게 될 것인가 ?

　이와같이 네기둥 여덜글자인 四柱가 아무리 좋다해도 즉 차가 아무리 튼튼하고 새차라 해도 좁고, 험난한 행로를 따라 운행하게 되면 차는 쉽게 일그러질 것이며 비록 차는 중고차라 해도 고속도로 같이 평탄한 대로를 접한다면 짐을 싣고도 목적지 까지 무난하게 갈 수 있는 것이니 그와같은 비유를 말하여 대운이라 하는것이다.

　이것은 네기둥인 四柱가 선천으로 본다면 대운은 후천에 해당하는 것으로 사주팔자란 절대적이 아니란 사실을 다시한번 입증하고 남는 셈이다. 이는 지구인 땅덩이가 처음엔 사람의 손이 전혀 닿지 않았을 것이므로 자연 그대로 였을것이나 후천인 사람에 의하여 인류가 살기좋게 인공적으로 개발하게 되었으니 고속도로, 집터, 운동장 등으로 사용하는 것과같이 사람이 선천으로 인물을 잘타고 나왔어도 후천에서 배우고, 닦고 수양하는 노력을 하지 않으면 쓸모가 별로 없게 되는 것이며 또한 제아무리 학문을 배웠다해도 마음과 정신을 올바로 쓰지 못한 관계로 배운 학문을 쓸 수 있는 기회를 얻지 못하거나, 상실하였다면 그는 결코 자신에 의하여 순탄한 행로를 만나지 못한것과 같은 이치가 아닌가 그와같이 대운이란 것은 자신의 모든 수양과 직결하고 있으므로 험난과 행복의 갈림은 자신에 달려있는 사실을 다시한번 깊이 생각할 문제다. 이는 자신이 그만큼 세상을 폭넓게 살아간다면 사주나 대운은 전혀 빗나가는 것이지만 한쪽만 생각하여 어둡고, 좁고 모나게 산다면 四柱는 이상하리만치 정확하게 작동이 된다는 사실이다.

仁者無敵이란 말의 뜻을 보아도 어진자는 적이 없다는 뜻이니 그렇지 못한자는 적이 필시 있다는 뜻이 아닌가 아울러 공산세계에 있는 특히 이북에 어느개인의 사주팔자를 놓고 운운한다면 그것은 100% 오판이요, 빗나가는 감정임이 분명하다.

왜냐하면 공산당이라는 테두리에 묶여있기 때문이 아닌가, 그러면 공산당은 나무요, 백성은 열매로서 공산나무 열매는 공산나무의 움직임에 좌우할 수 밖엔 없지 않은가. 그렇다면 당신이나 나의 육신을 국가로 본면 나의 마음과 정신은 군왕이자 대통령이니 그에 달려있는 사지오체 내지 수천 수억의 혈맥등은 국민인 백성이 분명하고 당신이나 나는 통치자요, 위정자며, 지도자가 확실한 즉 나에 달려있는 부속품이자 국민들은 나의 마음과 정신에 따라 좌우됨을 정확하게 알 수 있는 것이며, 내가 상대하는 상대역시 나의 태도에 따라 달라지기에 맹방이나 우방이나 적국으로 변화하는 것인즉 삼라만상의 이치는 거기에 모두 들어있는 것인데 5장 6부는 내가 거느린 각부처 장관들이다. 그들이 국가나 민족에 신경을 안쓰고 싸움내지 방종한 생활을 하거나 저만을 생각하고 저만의 이익을 택하며 저만이 제일이고 저만을 고집하면 당신이나 나의 육신인 국가와 국민들은 어떻게 되겠는가?

세상의 무엇이든 부정적인 측면에서 보자면 한없이 부정적이며 긍적적인 면에서 보면 한없이 긍적적이 되는 것이니 당신이나 나는 개인으로 생각하지 말고 국가로 본다면, 세상 이치는 깊이 깨달을 수 있지 않을까 보는 것이며, 그와같이 인간이 태어남은 선천이요, 살아가는 과정은 자신에 의하여 후천에서 얻어지는 것이므로 그것을 말하여 대운이라 하는 것인데, 사주팔자는 곧 君臣체체이며 당신이나 나의 능력 여하에 따라 그 네 기둥인 사주팔자는 좌우되는 것이다.

아울러 당신이나 나는 군왕이지만 5장 6부에 의하여 움직이고 그 5장 6부는 필연적 협동과 상부상조로 움직이게 되어 당신이나 나는 움직일 수 있다는 사실을 재삼 인식해야 할 것 같다. 아울러 좀더 설명하자면 四柱를 하나의 상품이라 했을 때 대운은 시장과 같으며 사주를 연극하는 배우라고 했을 때 대운은 무대요, 매년마다 바뀌는 세운은 관람객이다. 이와같이 연극을 잘하는 배우라 해도 활동할 무대가 없다면 연극을 할 수가 없으며 무대가 있다해도 관객이 없다면 소용이 없으니, 배우와 무대와 관객은 보이지는 않지만 어느 테두리에 한데 묶여있는 것만은 사실이다. 이와같이 자신은 배우요, 기량은 연극이며, 발휘할 장소는 무대요, 관람객은 고객인 것과 같이 네기둥 여덟자는 자신이 가지고 있는 상품이자, 기량이며 대운은 상품과 기량을 소비시킬 시장이며 세운은 소비자이자 고객과 같은 것이다.

그러므로 상품도 좋아야 하겠지만, 시장도 제대로 만나야 하고 고객도 필히 그 상품을 원하고 있는 소비자를 만나야 될것은 기정 사실이다.

예를 들어 희극 배우가 희극의 상품을 가지고 비극을 연출하고 있는 무대를 올라간다면 비극을 연출하는 감독이나, 비극을 관람하려던 고객은 그냥 있을리가 만무하기 때문이다. 그것을 어느 개인으로 바꾸어 설명하여 보자 !

甲이라는 사람이 가지고 있는 상품은 我執과 이기와 독선이요, 乙이 가지고 있는 상품은 원만, 아량, 도량, 협동, 상부상조다. 그렇다면 甲의 상품은 단일 품목이니 대중화는 어려울 것이며, 乙의 상품은 어느 곳을 막론하고 누구든 환영할 상품으로 대중화가 분명한 것이다. 그래서 四柱不如 大運, 大運不如 歲運, 세운불여 월운, 월운불여 일운, 일운불여 시운이라 하여 사주는 대운만 못하고, 대운은 세운만 못하며, 세운은 월과 일을 거쳐 시운만 못하다는 뜻으로 해석하고 있는 것이며, 대운은 운명의 사령탑으로 10년씩 교대로 네 기둥을 관리하여 생과 사의 집행권을 가지고 있으며 세운은 1년의 통치자로 1년간 흥망성쇠의 열쇠를 쥐고 있으며, 12장관을 거느리고 있으니 입춘, 경칩등이 그에 해당하며 12장관은 또한 일직 사령관인 일진을 두고있으며, 일직사령관인 일진은 일직

사관인 시간을 거느리며 관리하고 있는 것인데 그 비중은 다음과 같다.

사주3, 대운7, 대운3, 세운7, 세운3, 월운7, 월운3, 일운7, 일운3, 시운7 등이다.

따라서 앞에서 설명된 양간은 순행하고 음간은 역행함이 이 대운을 산출함에 있어 연결이 되는 것인즉, 甲丙戊庚壬은 양간이니 남자요, 乙丁己辛癸는 음간이니 여자인데 앞으로 설명되는 대운 산출 방법에 필히 적용되는 것이다. 즉 예를 들어 甲丙戊庚壬年에 남자로 출생하였으면, 남자의 해에 남자로 출생하였으니 합격자로 순행하고, 여자로 출생하였으면 불합격이 틀림없으므로 역을 택하여 반대방향을 따라 거슬러 올라가야 하는 것이다. 순행 역행은 대운 산출방법에서 좀더 세밀하게 설명된다.

(1) 大運 산출방법

대운은 출생한 월지에서 출발되어 10년씩 교대로 관장하게 되는데 月은 날자로 따져서 30일이다. 그러면 30일을 10년으로 둔갑 시키자면 3일은 1년이요, 1일은 4개월이며, 1시간은 5일이요, 1분은 2시간에 해당한다.

그러면 어째서 그런 산출방법을 쓰는것인가 하면 甲子, 乙丑을 순서대로 진행하면 60년이 지나고 나서 61년째는 다시 甲子를 만나게 되니 그것을 말하여 회갑이라 한다. 그러면 회갑까지는 61년인데 번복되는 甲子의 순서를 60년으로 늘려놓은 것이다. 즉 甲子순으로 진행하면 60일만 지나면 다시 甲子가 나타난다. 그러면 그것을 늘려놓은 것이라면 60년이 되니 변화하는 과정을 살피기 위한 하나의 방책인 것이다.

아울러 이와같은 대운의 산출방법은 당신을 예로들어 설명하여 보자면 당신은 남자로서 丁丑年 3月28日 아침 7시20분에 출생하였다면 다음과 같은 네기둥이 구성된다.

　　庚乙乙丁
　　辰未㊀丑
　　시 일 월 년

그러면 甲丙戊庚壬은 양간으로 남자의 해인데, 당신은 丁丑년에 출생하였으니 여자의 해인 丁년에 태어난 것이다.

그러면 역행을 해야한다. 즉 년은 丁丑년이요, 월은 乙巳月이니, 乙巳月이란 月의 〇(支)는 母의 자궁이니 당신은 어머니 자궁에서 출생하였고, 그때부터 당신의 육신인 차는 이 세상이란 행로에 출발이 된것이다.

그러면 당신이 甲丙戊庚壬년인 남자해에 태어나야 甲子, 乙丑 순서대로 진행을 할것인데 여자해인 丁년에 남자로 출생하였으니, 당신의 운로는 반대 방향을 따라 뒤로 거슬러 올라가야 한다. 즉 진행을 하자면 月에서부터 진행시켜야 하는데 순행이라면 乙巳, 丙午, 丁未, 戊申으로 가야한다. 그러나 당신은 반대로 가야 함으로 甲辰, 癸卯, 壬寅, 辛丑, 방향으로 가야 되는 것이다. 그것은 바로 절기와 연결됨으로 순행이면 망종, 소서, 입추로 가고, 역행이면 입하, 청명, 경칩, 입춘으로 거슬러 올라가는 것이다. 반대로 여자라면 丁년이 여자의 해이니 순행하면 되는 것을 이제는 알 수 있을 것이다. 그러면 그것을 다음과 같이 산출하여 놓고,

여자라면 坤命 ↗
  庚 乙 乙 丁 ← 여자는 합격
  辰 未 巳 丑   (순행)
       ↓
    다음에
      ↓
58 48 38 28 18 8
辛 庚 己 戊 丁 丙
亥 戌 戊 申 未 午
남자라면 乾命
  庚 乙 乙 丁 → 남자는 불합격
  辰 未 巳 丑   (역행)
       ↓
  거슬러 올라가니
      ↓   ←
  庚 辛 壬 癸 甲
  子 丑 寅 卯 辰

위와 같이 산출한 후에 당신이 태어난 날자는 빼고 날자를 세어보면 된다. 즉 여자이면 순행으로 앞으로 절기를 기준하여 세어가고 남자는 역행이니 거슬러 세어가면 18일도 되고, 20일도 되고, 3일도 되며, 25일등 각각으로 날자가 나온다. 한달은 30일로서 절기와 절기 사이는 30일이다. 그러면 당신이 출생된 그날만 빼고 다음 절기나 그전 절기일 까지만 헤어 그 날자를 3으로 나누면 되는 것이다.

예를들어 25일 나왔다 하면 $3\overline{\smash{\big)}\,25}$ $8\cdots1$ 이렇게 되면 8이 나왔고 나머지가 1인데 8이란 숫자는 바로 당신의 대운이 바뀌는 숫자이므로 8, 18, 28등으로 바뀌게 되는 것이며, 나머지 1은 4개월에 해당되니 8로 바뀌며, 4개월이 지나야 되며, 1시간

은 5일이요, 1분은 2시간이니 정확하고 세밀하게 따지자면 8
로 바뀌어도 4개월 5일 2시간이 지나야 완전히 당신의 대운은
바뀌는 것이다. 그러나 대개는 8로 따진다는 것만 알면 되는
것이며 3으로 나누는 이유는 3일을 1년으로 환산하는 원리 때
문이고, 또한 남는 숫자가 2가 남으면 8개월에 해당하니 사사
오입하여 하나 더 가산하면 되는 것이다.

17. 節気(절기)

　　절기는 계절을 나타내는 뜻이니 1년중에는 24절기가 있으나 네기둥 여덟자인 四柱八字를 산출하는데 쓰이는 절기는 12절기만 사용하고 있다. 그러나 24절기를 대략 간추려 보자면, 立

　　春(봄이 시작되는 철)

　　雨水(비가 내리는 철)

　　驚蟄(경칩)(땅속의 벌레가 놀라 깨어나는 철)

　　春分(봄철 태양 환경이 분기되는 철)

　　青明(날씨가 맑고 밝은 철)

　　穀雨(곡우)(곡식에 좋은 비가 내리는 철)

　　立夏(여름이 시작되는 철)

　　小満(보리알이 좀 굵어지는 철)

　　芒種(보리를 베는 철)

　　夏至(여름의 막바지 철)

　　小暑(좀 더운 철)

　　大暑(매우 더운 철)

　　立秋(가을이 시작되는 철)

　　處暑(더위가 그치는 철)

　　白露(백로)(흰 이슬이 내리는 철)

秋分(가을에 태양환경이 분기되는 철)

寒露(한로, 찬 이슬이 내리는 철)

霜降(상강, 서리가 내리는 철)

立冬(겨울이 시작되는 철)

小雪(소설, 눈이 조금 오는 철)

大雪(대설, 눈이 많이 오는 철)

冬至(동지, 겨울의 막바지 철)

小寒(소한, 조금 추운 철)

大寒(대한, 매우 추운 철) 등인데 여기에 쓰이는 절기는 寅(입춘), 卯(경칩), 辰(청명), 巳(입하), 午(망종), 未(소서), 申(입추), 酉(백로), 戌(한로), 亥(입동), 子(대설), 丑(소한) 등이다.

이와같은 절기는 당신의 四柱를 산출하려면 필히 알아야 산출이 되는 것이다(이것은 천세력, 만세력, 백세력에 기록되어 있음).

즉 당신의 생일이 음력 7월 2일이라고 가정하면(양력도 음력으로 나와 있음) 7월은 입추일이 언제인가(몇일인가를) 먼저 살펴야 한다. 예를들어 입추가 5일부터 시작되었다면 당신의 생일은 7월 2일이지만 절기로 보았을때 입추는 5일부터이니 당신은 입추가 되기 전의 달인 소서(6月)에 해당되는 것이다. 그러면 예를들어 당신의 사주를 산출하여 보자면 당신이 태어난 해는 壬戌年이라 하면 다음과 같이 壬戌을 적은 다음 위에서 설명대로 그해 6월 절기가 辛未라면 辛未를 적은 다음 일진을 보면 그날의 일진이 나와 있으니 몇일을 적는다.

囲 辛 壬 ←
辰 子 未 戌

그런후에 아침 8시10분경에 태어났다면 辰시가 되는 것이니 위와같이 辰을 적은다음 日柱의 干인 囲을 己와 合을 시키면 앞서 설명대로 甲己合은 土가 되고, 丙辛은 水, 丁壬은 木, 戊癸는 火, 乙庚은 金이다.

그러면 무조건 合을 시키면 되는 것이니 癸면 戊와, 戊면 癸와, 丙이면 辛과, 辛이면 丙과, 甲이면 己와, 己면 甲과 乙이면 庚과, 庚이면 乙과 合하면 된다. 그러면 위와같이 甲己合은 土가되니 土를 지배하고 극하는 것은 木이 된다. 木은 甲乙이 있지만 언제든 陽干이 대표이기 때문에 甲을 내세우면 되고 하루의 일진은 子에서 시작되므로 언제든 子부터 시작하면 되므로 甲子 乙丑으로 순서있게 진행하면 戊辰이 되는것을 알 수 있는 것이다. 그러면 日干을 바꾸어 보자.

囲 丁 辛 壬
辰 卯 未 戌

이와같이 丁卯日柱라면 丁壬 合은 木이요, 木을 극(지배)하는 것은 金이며, 金의 陽干은 庚으로 庚子부터 진행하면 庚子, 辛丑, 壬寅, 癸卯, 囲辰이 된다. 하나만 더 설명하여 보자.

이것도 日柱를 바꾸었고 시도 午시다.

囲 丙 辛 壬
午 午 未 戌

그러면 丙은 辛과 合하면 水가 되고, 水를 극(지배)하는 것은 土요, 土의 陽干은 戊이니, 戊子부터 세어가면 己丑, 庚寅, 辛卯, 壬辰, 癸巳, 囲午가 됨을 알 수 있을 것이다.

18. 月建 보는 법

　만세력이나 천세력, 백세력을 보면 월건은 모두 기록되어 있으나, 인쇄상의 착오도 있는 것이니 오차를 가리려면 필히 보는것을 알아야 할것이다. 예를 들어 壬戌年이라면 1월, 2월, 3월이 어떤 식으로 무엇부터 나오게 되는 것인가를 알아보자면, 앞서 時의 干을 산출할때는 상극관계에서 산출했으나, 이 월건은 상생으로 진행하는 것이다. 즉 甲子年하면 甲子年이 맨 먼저 생산하는 자식은 1월이다. 그러면 1月의　이름은 寅이란것은 누구나 알게 되었지만 성이 뭐며 어떤 寅인지 문제가 되는 것이므로 앞서 설명대로 甲이면 己와, 己면 甲과, 丙이면 辛과, 辛이면 丙과 合을 하면 甲子年이라 했을때 甲己合은 土요, 土를 생해주는 인수인 어머니는 火가 되며, 火의 陽干은 丙이요, 1년은 언제든지 寅부터 진행되니 丙寅月이 1月, 丁卯가 2월, 戊辰이 3월등으로 진행되는 것이다.

　하나 더 설명하면 壬戌年이라 할때 丁壬合은 木이 되며, 木을 생하는 인수인 어머니는 水가 되며, 水의 양간은 壬이니, 壬戌年 1月은 壬寅, 2月은 癸卯임을 알 수 있을 것이다.

19. 空亡(공망)

十干은 10字인데 地支는 12字이다. 그것은 예를들어 설명하면 남자 10, 여자는 12로서 2는 남는다. 그러면 여자의 입장에서 볼 때 2 사람은 남자를 만나지 못했으니 공치고 망했다는 표현을 할 수 있는 것인데 그런뜻을 말하여 공망이라 한다.

예를들어 다음과 같은 네 기둥이 구성되었으면 언제든지 日柱에서 세어 나간다.

己 丙 癸 壬   丙午日柱인데 丙午에서부터 진행하면 丙午, 丁
巳 午 亥 戊   未, 戊申, 己酉, 庚戌, 辛亥, 壬子, 癸丑, 甲寅,
         乙卯 순으로 진행되는데 甲寅, 乙卯인 寅卯가 공망이다.

즉 언제든지 甲乙이 나타나는 地支가 공망이 되는 것이다.

다시 설명하자면 당신의 일주가 甲子일 때 乙丑, 丙寅, 丁卯, 戊辰, 己巳, 庚午, 辛未, 壬申, 癸酉 다음에 甲戌, 乙亥이니 戌亥가 공망이다.

하나 더 예를들면 戊寅일주 일때 다음은 己卯, 庚辰, 辛巳, 壬午, 癸未 다음에 甲申, 乙酉이니 申酉가 공망이다.

이것은 六十 甲子를 분리하면 甲子, 甲寅, 甲辰, 甲午, 甲申, 甲戌이 되므로 60甲子라 하는 것이며 예를들어 甲子는 배나

무라면 乙丑, 丙寅, 丁卯, 戊辰, 己巳, 庚午, 辛未, 壬申, 癸酉
는 배나무에 열린 열매인 배며, 甲辰은 복숭아 나무, 甲午는
대추나무, 甲申은 밤나무, 甲戌은 사과나무임을 짐작할 수 있
는 것이다.

따라서 공망이란 즉, 甲戌인 사과나무엔 같은 木인 乙亥가
気化象이 되므로 甲戌은 뿌리요, 乙亥는 나무줄기이며, 丙子
丁丑, 戊寅, 己卯, 庚辰, 辛巳, 壬午, 癸未는 열매인 사과이며,
癸未 다음엔 甲申, 乙酉로서 甲申, 乙酉는 앉을 자리가 없는
명예직이다.

이미 甲戌과 乙亥가 제자리를 차지하였으니 같은 甲乙이지
만 실권없는 甲乙이다. 그래서 甲申, 乙酉는 실권과 실리가
없는 무보수인 명예직에 불과하여 공치고 망한 것이나 같다
해서 공망이라 한것이다.

그래서 月력을 보면 매일 변경되는 일진이 적혀있는데 당
신의 공망이 申酉에 해당된다고 하면 甲申이든 乙酉이든 申
과 酉가 들어있는 날에는 만약에 어느 중요한 약속이나 무엇
을 행하려 한다면 70～80% 이상이 실패가 됨을 암시한다는 것
이다.

그래서 공망은 방위와 일진을 중요시 한다는 것이니 戊亥가
공망이면 乾方인 西北간에서 무엇을 한다면 애만쓰고 공이
없다는 것이며 앞으로 설명되는 육신관계에서 관성이 공망이
면 벼슬과 인연이 적고 財가 공망이면 직업과 재물과 처와의
인연이 적으며 식신 상관이 공망이면 활동과 재능을 발휘하
기 어렵다는 뜻을 내포하고 있는 것이다.

만약에 재판을 해도 공망일에 하면 필히 좋지 않은 결과를

갖게되며 옷의 색깔도 예를들어 寅卯가 공망이면 寅卯는 東
方이며 木이요, 색은 青色이니 청색은 공망 색깔이므로 청색
옷을 입으면 별로 좋지않다는 것을 암시하고 있다는 뜻이다

20. 支藏干(지장간)

十二地支 속에 숨어있는 十干을 지장간이라 하는데 1년은 12개월 한달은 30일이다.

그러면 일개 가정이나 사회나 국가도 형성이 되려면 각자가 따로 업무를 분담하고 있듯이 대 자연인 十干도 힘의 역량에 의하여 삼라만상을 생성하고 있는 것인데 그것을 말하여 지장간이라 하니 제왕처럼 왕성한 氣는 강대한 힘이 있으므로 만물을 육성함에 있어 혼자서도 10~20일을 관장하고 장생처럼 약한 자는 서로가 분할하여 담당함으로 7일 7일 16일을 교대로 담당하며 묘도 기가 약하여 9일 3일 18일을 교대로 육성하는 것이다.

그것을 여기 중기 정기라 하는데 寅月엔 맨 먼저 戊土가 7일을 맡고, 다음은 丙火가 7일, 그 다음은 甲木이 16일을 담당하여 30일을 교대로 육성하고 관리하게 되는 것이다.

아울러 甲木은 1月에 16일을 관장하고도 힘이 남기에 2月까지 월반하여 10일을 더 관장하니 장생의 무궁무진한 氣에 한번 더 감탄하게 되는 것이다.

이 지장간은 점차로 설명되지만 네 기둥을 분석함에 있어 99%의 비중을 차지하고 있으므로 네 기둥을 아무곳에서나 손쉽게 분석하자면 암기해야 한다.

(암기사항) □→제왕 10~20   →장생 7 , 7 , 16 , 묘 9 , 3 , 18

12月	11月	10月	9月	8月	7月	6月	5月	4月	3月	2月	1月	
丑	子	亥	戌	酉	申	未	午	巳	辰	卯	寅	
癸9	壬10	戊7	辛9	庚10	戊7	丁9	丙10	戊7	乙9	甲10	戊7	余気
辛3		甲7	丁3		壬7	乙3		庚7	癸3		丙7	中気
己18	癸20	壬16	戊18	辛20	庚16	己18	丁20	丙16	戊18	乙20	甲16	正気

寅에서 戊丙甲, 卯에는 甲乙, 辰에는 乙癸戊 식으로 암기
하면 이것을 응용하는 방법은 여기 기록된 날짜를 보면 모두
30일이다.

그러면 당신의 日柱는 甲이라 하고 생일은 1月 5일이라
할 때 1月은 寅이요, 寅에서 맨 처음 담당자는 戊土가 7일
을 관장하는데 당신은 5일이니 戊土가 생산해 낸 甲임을 당
장 알 수 있는 것이며 관계는 육신관계에서 설명이 된다.

그러면 16일이라 하면 戊土가 7일, 丙火가 7일하면 14일
이 지나고 당신은 16일이 생일이므로 甲이 생산한 것이다.

21. 旺衰強弱(왕쇠강약)

　인간을 차체로 비유하면 차가 튼튼하다 했을 때 그 차는 화물을 싣고도 얼마든지 운행할 수 있으나 차가 시원치 않다면 짐은 고사하고 빈차로 가기도 힘들 것이다.

　또한 차는 튼튼한데 화물이 없으면 놀아야 하고 화물은 많으나 차가 튼튼치 못하면 역시 그림의 떡이 분명하다. 아울러 짐을 싣고 간다해도 언제 고장이 생길지는 아무도 모르니 미리 미리 정비해야 할 것은 당연한 것이다.

　그런데 인간이 이용하는 차량도 언제 고장이 생길지 확인하기도 힘든데 하물며 인간인 육신의 차량은 언제 고장이 발생할지 언제 사고가 생길지를 보이지 않으니 알 수가 없다. 또한 내 차는 몇톤짜리 이며, 과연 튼튼한 것인지 화물은 언제 어디서 실으며 어떤 방향으로 가야하는지 도대체 알 수가 없으므로 그것을 알아보는 것이 바로 왕쇠강약이다.

(1) 旺(왕)

　왕이란 왕성한 気를 말하는 것으로 글자 그대로 왕이다. 그러면 부모궁을 떠나 독립을 한 건록제왕이 바로 왕이다.

　甲과 乙은 寅卯 丙丁은 巳午 戊己는 辰戌 丑未와 巳午 庚辛은 申酉 壬癸는 亥子를 얻든지 만나야 気가 왕성하게 되는데 이의 기준은 月支에 두고 있다.

예를들어 甲日柱가 四柱상의 月支엔 申이나 未와 같은 약한 支를 가지고 출생하였다면 대운이나 세운의 행로를 따라 진행한다. 그러다가 寅이나 卯같은 건록이나 제왕을 만나게 되면 원래는 약했으나 寅卯인 건록 제왕을 만났으니 강해지는 것이며 四柱의 月支에 처음부터 있다면 원래가 강하게 타고난 것이며, 만약에 없는 사람이 대운에서 건록이나 제왕을 만났으면 10년간 왕성하고 세운에서 만나면 1년으로서 짧은 것이며 본시가 강하거나, 약하거나 간에 강한 것은 약을 만나야 풍파가 없고, 약한 것은 강한 것을 또한 만나야하니 음양인 것이다.

그러면 그와같은 강자를 만나거나 본시 강하다면 말하길 得令(득령), 得權(득권), 得時, 得節이라 하며 身旺이라 칭하는 것이다.

(2) 衰(쇠)

쇠는 그와같은 절기(때)를 만나거나 (得)하지 못한 것을 쇠라하여 甲乙은 申酉, 丙丁은 亥子, 庚辛은 寅卯, 壬癸는 巳午 등이다.

이것은 甲乙은 木인데 木은 봄의 절기를 만나야 왕성함으로 7~8月인 가을절기를 만났으면 약할 수 밖에 없으니 衰라하며 身弱者라 한다.

(3) 强(강)

강이란 본시 약하게 출생하였지만 친지나 동기간의 도움을 받아 강자로 변하게 된 것을 말하였으니 마치 환자가 보약을 복용하고 튼튼한 몸으로 탈바꿈 된것과 같은 것이다.

예를들어 甲이 출생할 때는 申이나 酉를 가지고 나왔으나 주위에서 水生木으로 복돋아 주거나 같은 木이 도와주면 강하게 되므로 마치 약한 나무를 여러개 합진거나 같은 것이다.

(4) 弱(약)

출생하긴 강하게 출생하였으나 주위에서 계속 힘을 설기하면 약하게 된다.

예를들어 甲이 寅月이나 卯月에 출생하였으면 건록이나 제왕으로 왕성하지만 甲을 金으로 金극木하고 木의 기운을 설기하는 火가 나타나 木生火가 된다면 甲의 기운을 있는대로 빼는 것이니 약으로 변하게 된다.

마치 힘이 왕성한 한 사람을 여러 사람이 단합으로 뭉쳐서 고립시키면 약으로 변하게 되는 것과 같은 것이다.

22. 六神 관계

    남녀가 결합하면 육친관계가 형성되듯 十干도 서로가 얽히면 육친관계가 성립되어 그것을 六神이라 하며. 남자와 여자가 다르듯 十干의 작용도 다르다.

    육친 관계는 여성 본위로 하기 때문에 父는 母를 위주로 하며, 자녀는 妻를 위주로 한다.

    아울러 육신관계는 구체적으로 설명하는 것 보다 내가 현재 살고있는 가정과 사회와 국가와 처와 친구와 동기간과 의, 식, 주 재산, 지위, 권리, 기술등 직접적인 것으로 연결하여 직접적으로 판단하는 것이 이해하기가 훨씬 수월할 것이다.

    그렇지 않고 인간관계 처럼 따지고 올라가면 한없이 복잡할 것인 즉 필자의 이해 경험으로 설명키로 하며 쉬운 방식으로 풀어가다 보면 자연스럽게 이해가 되는 것이다.

    그러면 六神관계는 상생과 상극으로 설명하는 것인데 木이라면 양간인 甲이 있고, 음간인 乙이 있다. 그러면 甲을 생산한 친어머니는 癸水가 되니 甲의 생모는 癸水요, 壬水는 편모인 서모가 됨을 알 수 있으므로 乙의 친모인 正印은 壬水가 되며 편인인 서모는 癸水임을 알 수 있는 것이다.

    이것은 양간인 十은 十인 陽干을 생산할 수 없으니 남자는 자식을 직접으로 생산하지 못하는 이치와 같은 것이다.

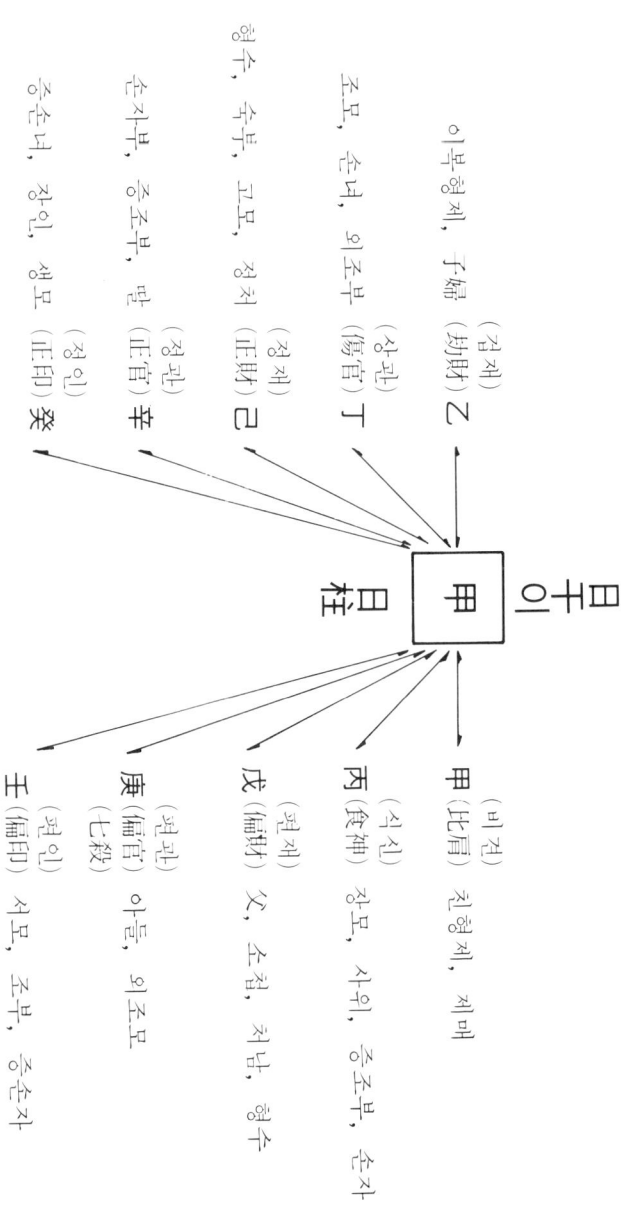

女命의 경우

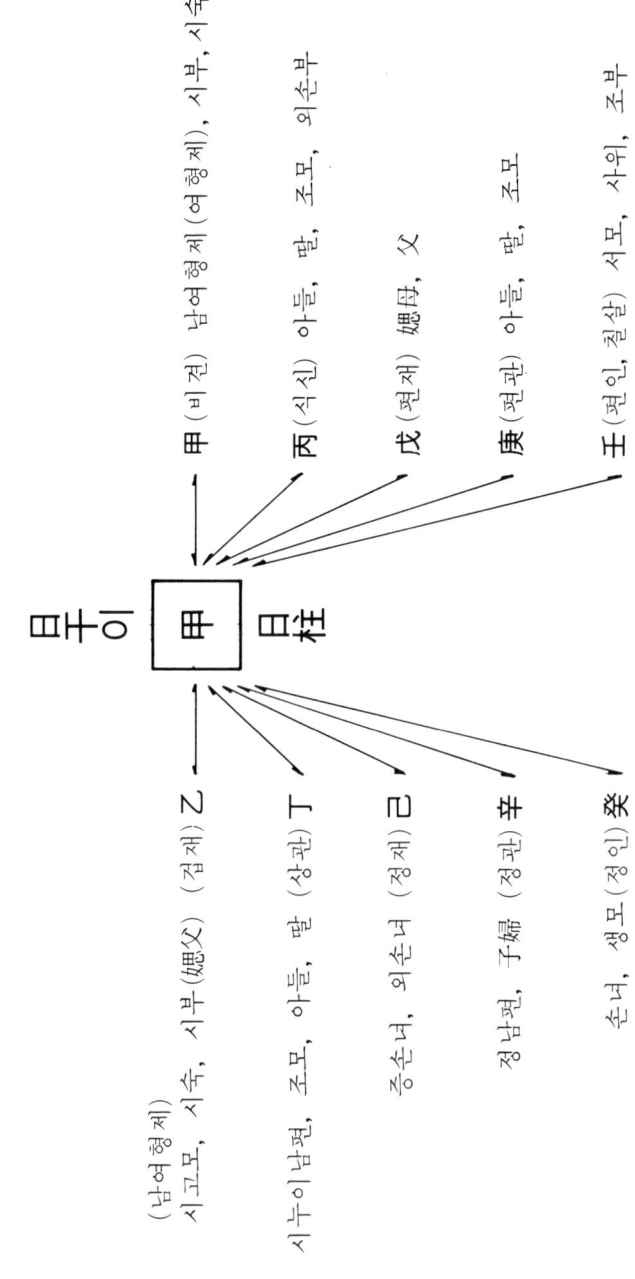

日干이 甲 (日柱)

甲(비견) 남여형제(여형제), 시부, 시숙

丙(식신) 아들, 딸, 조모, 외손부

戊(편재) 媤母, 父

庚(편관) 아들, 딸, 조모

壬(편인, 집밖) 시모, 사위, 조부

(남여형제)
乙(겁재) 시고모, 시숙, 시부(媤父)

丁(상관) 시누이남편, 조모, 아들, 딸

己(정재) 증손녀, 외손녀

辛(정관) 정남편, 子婦(정관), 딸

癸(정인) 손녀, 생모

그러기에 삼라만상은 음양의 조화라 하는 것을 더욱 깊이 깨달을 수 있는 것 아닌가.′

아울러 壬癸水는 木을 생산시키는 정인 편인인데 이것은 甲乙木의 입장에서만 壬癸水가 친모, 서모가 되는 것이지 다른 十干은 다른 것이므로 甲乙木을 생산하는 壬癸의 입상에서는 甲乙木이 食神 傷官이 되는 것이다.

식신 상관이란 내가 가지고 있는 기능을 외부로 나타내는 것이며 발휘하는 뜻을 말함이니 부모가 자식을 생산하는 것은 부모가 가지고 있는 기량을 외부로 발휘하는 것이 되지 않는가.

그러면 육신관계의 세부적 설명은 점차 하기로 하며 육신관계의 구별을 설명하기로 하며, 먼저 이해하고 넘어가야 할 것은 당신이 가지고 있는 네 기둥 여덟자가 대운이나 세운, 월운, 일진등의 글자와 서로 만나게 되면 부딪치고 생하고 극하게 되는 것으로 어떤 글자와 만나면 무슨 변화를 갖는 것인가를 살펴보는 것인데 이는 日柱의 干을 위주로 살피는 것이다.

丁 丙 乙 甲 　　　丙 →日干을 말함.
卯 寅 丑 子

(1) 比肩 (비견)

日干과 똑같은 육신을 비견이라 하였으니 甲이 甲을 丙이 丙을 乙이 乙을 丁이 丁을 戊가 戊를 己가 己를 庚이 庚을 辛이 辛을 壬이 壬을 癸가 癸를 만나거나 보면 비견을 보거나 만난 것이다.

(2) 劫財(겁재)

같은 木이지만 甲乙이 있다. 하나는 양간이요, 하나는 음간인데 十干의 설명과 같이 乙木은 甲의 생기를 모두 섭취하고 열매로 탄생되니 甲의 생기를 모두 겁탈했다는 뜻으로 겁재라 한 것인데 반대 현상을 보면, 또한 甲도 乙의 겁탈자가 되는 관계로 서로 겁재 작용을 하게 되는 것인 즉 甲이 乙을 乙이 甲을 丙이 丁을 丁이 丙을 戊가 己를 己가 戊를 庚이 辛을 辛이 庚을 壬이 癸를 癸가 壬을 만나거나 보게되면 겁재를 만나거나 보았다고 하는 것이다.

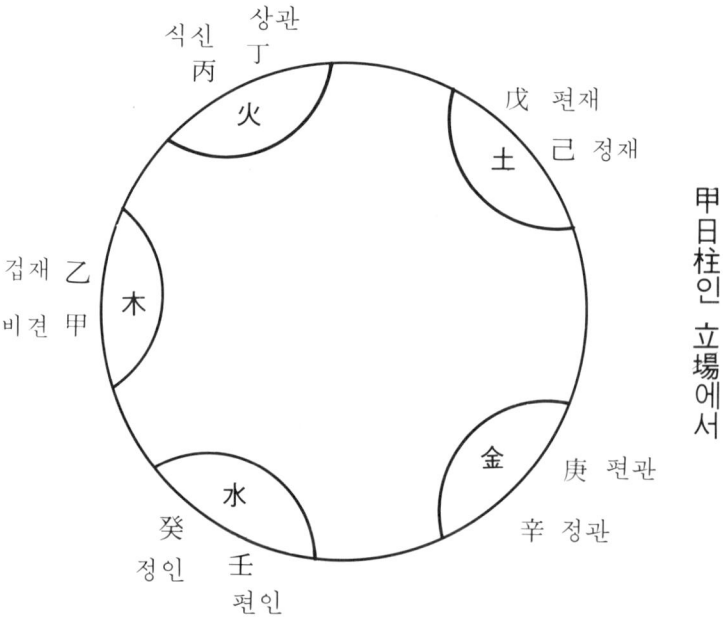

(3) 食神(식신)

식신이란 상생의 순서를 따라 진행하는 과정에서 양간은 양간을 음간은 음간을 만나는 것을 식신이라 하는데 水生木, 木生火, 火生土, 土生金, 金生水에서 발생된다.

즉 甲이 丙을 乙이 丁을 보면 같은 木生火지만 甲木인 양간은 같은 양간인 丙이 식신이요, 음간인 乙木은 음간인 丁火가 식신이다.

그와같이 甲은 丙을(木生火), 乙은 丁을(木生火), 丙은 戊를(火生土), 丁은 己를(火生土), 戊는 庚을(土生金), 己는 辛을(土生金), 庚은 壬을(金生水), 辛은 癸를(金生水), 壬은 甲을(水生木), 癸는 乙을(水生木) 보거나 만나면 식신을 보거나 만나는 것이다.

(4) 傷官(상관)

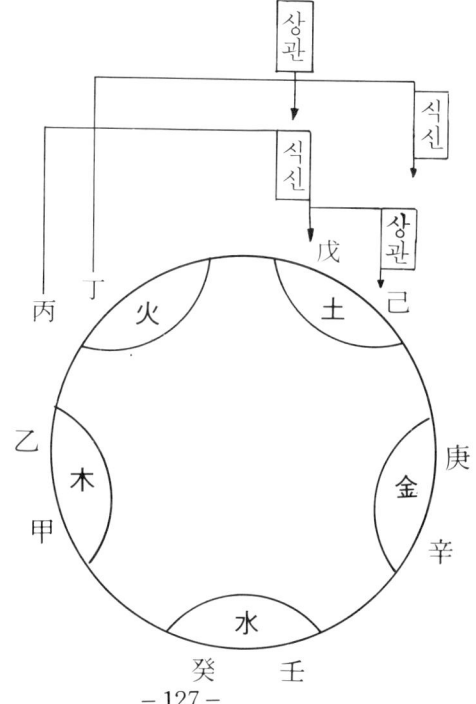

식신은 같은 양간이지만 상관은 양과 음이 만남을 말함이니, 甲은 丁을(木生火), 乙은 丙을(木生火), 丙은 己을(木生土), 丁은 戊를(火生土), 戊는 辛을(土生金), 己는 庚을(土生金), 庚은 癸를(金生水), 辛은 壬을(金生水), 壬은 乙을(水生木), 癸는 甲을(水生木) 만나거나 보게되면 상관을 만나거나 보는 것이다.

(5) 正財(정재)

남자가 여자를 아내로 맞아 지배하고 살듯, 강자가 약자를 합법적으로 지배하거나 극하는 것을 정재라 하는데, 앞서 식신 상관은 상생에서 이루어 졌으나 이는 상극에서 이루어 진다.

甲이 己를(木극土), 乙은 戊를(木극土), 丙은 辛을 (火극金), 丁은 庚을(火극金), 戊는 癸를(土극水), 己는 壬을(土극水), 庚은 乙을(金극木), 辛은 甲을(金극木), 壬은 丁을(水극火), 癸는 丙을(水극火), 합법적으로 지배하니 정재(합법으로 인가 받은 재물)이라 한다.

(6) 偏財(편재)

정재는 합법이나 편재는 비 합법이다.

즉 정재의 입장은 상극간이나 음양이 배합되므로 합법이라 했으나 편재는 음양은 음양이나 편중되는 음양을 말함이다.

甲이 戊를(木극土), 乙이 己를(木극土), 丙이 庚을(火극金) 丁이 辛을(火극金), 戊가 壬을(土극水), 己가 癸를(土극水), 庚이 甲을(金극木), 辛이 乙을(金극木), 壬이 丙을 (水극火)

癸가 丁을(水극火) 보거나 만나면 편재를 만나거나 본 것이다.

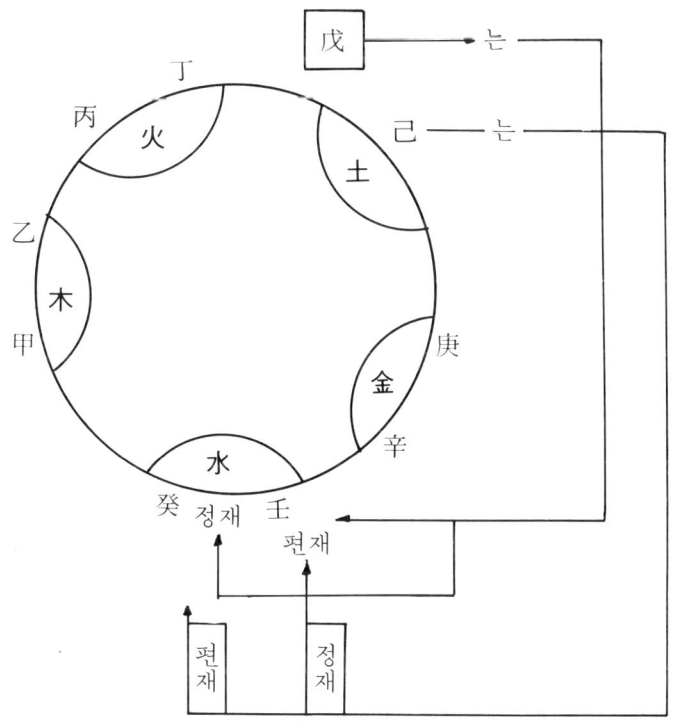

(7) 正官(정관)

　앞의 정재 편재는 지배하는 입장에서 정재 편재가 되었으나 정관 편관은 지배당하는 입장에서 보는 것이다.

　甲木엔 辛金이 정관이며 乙木엔 庚이 정관, 丙엔 癸가, 丁엔 壬이, 戊엔 乙이, 己엔 甲이, 庚엔 丁이, 辛엔 丙이, 壬엔 己가, 癸엔 戊가 정관이 되니, 예를들어 당신의 日干이

甲이라면 辛金은 아버지와 같으니, 甲인 아들은 辛인 아버지의 통제와 보호하에 미래의 꿈을 키우고 있는 것이다.

(8) 偏官(편관) 一名 七殺

정관은 상극관계지만 생부로서 음양의 배합이 되었으나 편관은 서부에 해당하니 父는 父이나 음양의 배합이 안되는 것이다.

甲木의 편관(七殺)은 庚金, 乙木의 편관(七殺)은 辛金, 丙의 편관(七殺)은 壬水, 丁의 편관(七殺)은 癸水, 戊의 편관

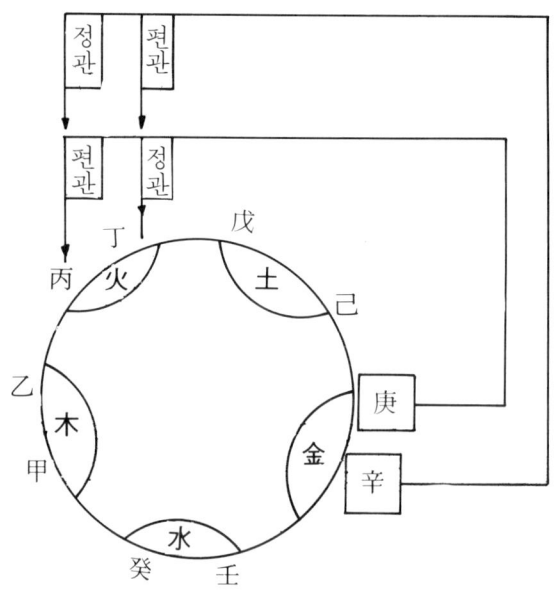

(七殺)은 甲木, 己의 편관(七殺)은 乙木, 庚의 편관(七殺)은 丙火, 辛의 편관(七殺)은 丁火, 壬의 편관(七殺)은 戊土, 癸의 편관(七殺)은 己土인데, 정관인 친부는 말로서 지배하나 편관인 서부는 매로서 지배한다는 이치이다.

(9) 正印(정인)

나를 생해주는 생모가 정인이니 설명은 생략함.

甲의 생모는 癸(水生木), 乙의 정인은 壬(水生木)

丙의 정인은 乙木(木生火), 丁의 정인은 甲木(木生火)

戊의 정인은 丁火(火生土), 己의 정인은 丙火(火生土)

庚의 정인은 己土(土生金), 辛의 정인은 戊土(土生金)

壬의 정인은 辛金(金生水), 癸의 정인은 庚金(金生水)

(10) 偏印(편인)

甲의 편인 壬水(水生木), 乙의 편인 癸水(水生木)

丙의 편인 甲木(木生火), 丁의 편인 乙木(木生火)

戊의 편인 丙火(火生土), 己의 편인 丁火(火生土)

庚의 편인 戊土(土生金), 辛의 편인 己土(土生金)

壬의 편인 庚金(金生水), 癸의 편인 辛金(金生水)의 해당된다.

이를 정리하여 보자면 나를 생해주는 (生我者)를 정인 편인(印綬)라 하고, 내가 생하는(我生者)를 식신 상관이라 하며, 내가 剋(지배)하는 (我剋者)를 정재 편재라 하고, 나를 다스리고 剋(지배)하는 (剋我者)를 정관 편관이라 하며, 나와 같은 동격은(比我者)이니 비견 겁재라 한다.(그림을 그려

보면 이해하기가 훨씬 편하다).

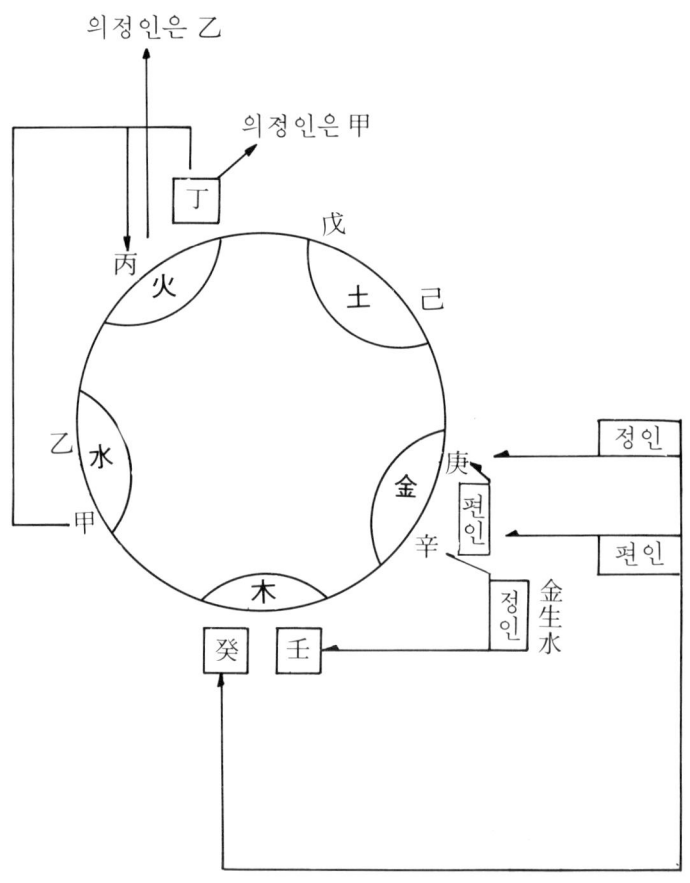

23. 六神의 해설

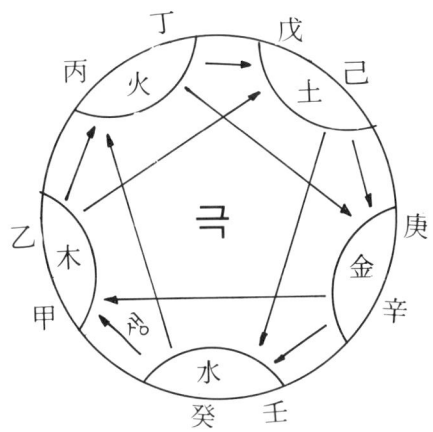

(1) 食神 (식신) 傷官 (상관)

상관이란 자연으로 비유하면 나무에서 발생되는 꽃이요, 인생으로 비유하면 두뇌가 고도로 발달한 인간象을 연상할 수 있는 것인데, 나무에서 꽃이 핀다는 것은 나무가 가지고 있는 최고의 장기중에 장기라고 할수있듯 인간도 두뇌가 고도로 발달하면 남보다 앞서가는 발명자가 될것은 틀림없는 사실이다.

그와 같이 상관이란 칼날같은 두뇌의 작용에 의하여 상품을 개발하고 무에서 유를 창조하는 발명가의 형태며 변호사

같은 형태로 볼수 있다.

왜냐하면 발명 하는것도 남보다 앞서가는 두뇌 때문이요, 변호사가 되려도 남보다 앞서가는 냉철한 비판력이 있어야 함으로 두뇌는 고도로 발달할 수 밖에 없는 것이다.

그와같은 형태인 사물의 이치를 나타내고 있으니 한마디로 상관이란 불평불만이 많을것은 확실하다.

그것은 명확한 흑백을 가리려니 비판을 하게 마련이고 상관보다 지능이 얕은 입장에서 볼때는 이해가 안가고 납득이 안되므로 상관의 입장에 동조할수가 없을것은 분명하고, 그러다 보니 상관은 불평불만이 높아진다.

그런것도 이해하지 못하니 헛배우고 미련하다는 것이다. 그럴 수 밖에 없는것이 상관의 명칭이란 신비할 정도로 화려하고 날카로우며 정확하고 뛰어난 氣의 능력이기 때문이다.

그렇기에 나무에서 그처럼 아름다운 꽃이 필수있는 것이 아닌가! 신비에 가까울 정도로 아니 완벽할지도 모르겠다. 그만큼 창작과 창조역사의 제 일인자가 바로 상관이다.

그러면 식신이란? 과일인 열매다.

상관이란 꽃이 핀다음 열매는 생기게 마련이므로 상관인 꽃의 입장에서 볼때 길은 상관인 꽃이 죽도록 닦았으나 생색은 식신인 열매가 독차지 하였으니 상관은 헛수고만 한게 틀림없다.

그와같은 인류문명의 발전도 비상한 두뇌의 저력을 발휘하고 있는 인간 상관들의 걸작에 의하여 도약하며 발전하고 있음은 명백한 사실이다.

그러면 꽃인 상관 자체로는 실속이 없는것이다. 실속은 열매가 독차지 하였으니 상관으로 볼땐 불평불만이 오죽하겠는가. 이것은 十干에서 뚜렷하게 나타나고 있으니 甲의 식신은 丙이요, 상관은 丁이다. 그러면 甲은 木인데 나무를 보면 丙火인 태양의 열기에 성장하는 것이며 또한 甲의 정처인 己土는 丙火가 정인인 생모다. 그래서 징모를 식신이라 하는것인데 장모는 딸로 인하여 사위까지 힘을 주고 있는 것이다.

그와같이 甲인 木은 천연적이며 자연적인 丙火(식신)을 만나야만 힘하나 들이지 않고 성장할 수 있는 것인데 (丙)은 태양 丁은 달빛) 丁火인 상관을 만난다면 자연적이 아닌 인공적 火임으로 온상 속 같은 곳에서 인공에 의하여 성장 하게되어 성장도 문제가 되겠지만 丁火인 상관의 입장에서 보면 수백배의 인권비는 물론 몇백배의 노력과 치밀한 두뇌의 작전을 요구하고 있는것이다.

그러고도 소득은 丙火보다 반도 안 되므로 상관의 입장으로서는 불평불만이 많을수밖에 없는 것이며, 그와같은 것을 해내고 있으니 그 머리의 비상함은 알고도 남음이 있으며 또한 丁火의 상관은 甲木의 정관이자 친아버지인 辛金을 충하여 못쓰게 만들어 버린다.

왜냐하면 丁火는 辛金의 편관인 七殺이기 때문이다.

그것을 인간 사회에 비유하자면 나의 친아버지는 정관이요 가정의 정관은 정부인 국가기관이다. 그렇다면 나의 아버지를 충하는 것이나 국가에 비판을 가하는 것이나 천리에 어긋나는 도리는 같은 것이다.

또한 나의 아버지를 비판하니 내가 싫을것이요 국가를 비판하니 국가가 좋아할리 없다.

그런 사람을 사회는 용납할리 없고 좋은자리를 줄리가 없다. 그런데 본인이 그러한 것을 깨닫고 그와같은 행동을 하지 않는다면 오히려 그 명석한 두뇌 때문에 사회는 반기고 국가도 반기어 모든면에 직위는 올라가고 직위가 오름에 딸려오는 의식주가 풍부할 것이나 자신을 깨닫지 못하고 자신의 명확하고 분명하며 비상한 두뇌만을 생각하여 그것만을 주장하고 있다면, 물론 두뇌가 명석하고 남보다 앞서가는 발전현상은 누구나 좋아하나 그가 떠들고 우겨대는 불평불만은 좋아할리 없는 것이다.

그렇기에 외면 당하고 소외를 당하며 살아가는 과정은 더욱 어려워 지고 머리는 고도로 높다보니 남보다 뒤지기는 싫어 무엇을 연구하고 개발하게 되면 자본이나 어려운 여건이 속출하여 그것의 결핍으로 식신에게 넘겨주니 생각하고 연구하여 개발한것 만큼의 댓가는 오지않아 불평과 불만은 날로 향상되는 것이며, 그렇기에 또한 오는복을 스스로 차게되는 결과를 초래하는 것이다.

그와같은 형상이 바로 상관이며 식신은 상관이 꽃핀다음 열매가 발생하는 것인즉 불노소득이 틀림없어 둥글둥글 보수적이며 안일적이고 평화적인 반면 상관처럼 개혁과 발전과 도약을 바라는 것이 아니라 노력과 투지가 부족하고 적극적 활동을 원하지 않는 단점은 있으나 상부상조 하며 협조적이고 인정이 많고 이해가 많으며 기회를 노리지 않고 언제나 樂天的이다. 그렇기에 돌아오는 혜택또한 큰 것인데 그와같은 둥근형태를 말함이다.

예를들어 혹자가 잘못을 했으면 상관은 비판하고 가혹하게 흑백을 가리지만 식신은 둥근 형태로서 이해하고 오히려 그에게 선으로서 개화시키니 동화 책에 수록된 바람과 태양의 옷벗기는 형상이라면 맞을것 같다.

아울러 식신 상관이란 자기의 기능을 외부로 발휘하는 것이므로 水는 甲乙木이 식신 상관이요 木은 丙丁火가 식상 등인데 나무에서만 꽃火가 피는것이 아니라 사람도 나무木字인 만큼 사람은 언어가 바로 식신 상관이다. 그에따라 언어인 상관이 진실하면 열매인 식신도 진실하며 언어인 상관이 부실하면 식신인 열매의 소득도 부실할것은 명확한 사실이다.

그러면 행동은 상관이요 행동에 의하여 변화된 과정은 식신임을 알수있는 것과 같이 공장은 상관이요 공장에서 나오는 물품은 식신인데 한쪽우물만 파면 물은 나오고 이것파고 저것파면 물이 안나온다는 속담은 그와같은 뜻을 말함이 분명하다.

즉 네기둥에 식신이 하나만 있다면 그사람의 식신은 변질되지 않은 상태로서 옳고 진실하고 건실하게 걸어 갈것이나 2 이상이 있으면 그사람의 마음은 벌써 헛꽃으로 변질된 상관이므로 한쪽길을 택하여 꾸준히 갈것을 자신의 노력으로 실천해야 할것이다.

아울러 식신이 있다고 덮어놓고 좋은것은 아니다. 팔자가 좋다고 해서 감나무 밑에누워 떨어질때를 바란다면 어찌 되겠는가 ? 그와같이 노력이 없으면 무엇이고 되지않는것은 필연적인 만큼 당신의 네기둥에 식신이 있다면 무엇을 암시하고있는 것인가를 이제는 알수있게 되었으니, 더욱 소중하게 보관하고 가꾸지 않으면 변질이 될것은 자명한 사실이며 상관이 있다해서 나쁠것도 하나도 없으니, 세상은 모두가 자신의 마음속에 있음을 몇번이고 몇번이고 깨달아야 할것같다.

아울러 좀더 곁들이자면 상관의 특기는 비상한 창조력이요 식신의 특기는 둥글고 원만하다.

(2) 正財 (정재) 偏財 (편재)

정부의 합법적인 절차나 인가를 받아 나의 소유물로 되었으니 정당한 재물로서 정재라 한다.

나의 처도 내가 지배하고 다스리며, 나의 건물과 나의 토지와 내가 지배하고 양육시키는 자식과, 내가 기르는 가축과, 내가 지휘하고 있는 수하 직원과, 내가 사용하는 돈도 모두 정재에 해당되므로 내가 쓰는 볼펜 내가 입은 옷, 구두, 시계, 목걸이 반지등 수없이 많지만 내가 합법으로 소유하고 내가 합법으로 지휘하는 모든 과정은 정재에 속한다.

그러면 모든 사물을 지휘하고 극함에 있어 우선은 힘을 전제로 하고 있으니 気를 말함이다.

気가 약하면 사물을 지휘 할 수가 없으며 지휘를 한다해도 따라오질 않는다.

지휘하는 지휘자가 시원치를 않으니 그 지휘대로 움직이면 따라가는 자신이 구렁텅이 아니면 죽음의 골짜기를 갈것은 분명한데 어느 누가 따라 가겠는가.

예를 들어 사회나 직장을 보자 상사가 지휘를 잘한다면 당신은 그를 존경하게 되며 당신은 그와 언제나 호흡을 같이 할 것이다.

상사인 지휘관도 자기를 따르고 자기를 위주로 움직여 주니 더욱 함께 호흡은 맞을 것이다.

그러면 당신을 돈의 입장에 세워놓고 판단 해보면 이해는 쉽게 간다. 돈이란 화폐는 혼자서 다니질 못한다. 대개의 사람늘은 돈을 송이로만 착각하는 사람이 많이 있는데 거기에서 많은 착오가 생기고 사건이 발생하는 섯인즉 돈이란 언제나 사람과 함께 다니고 있으므로 돈은 모두가 눈을뜨고 다니는 것이다.

그러면 눈을 뜨고있는 돈이 지휘를 잘못하고 있는 당신이나 나에게 따라오겠는가? 한번 깊이 생각해보면 이해는 할 수 있다.

그와같이 능력을 위주로 하고 있기 때문에 수천의 전답이 있다해도 그림의 떡이다. 그런데 네기둥에 있는 정재는 무엇인가? 그것은 당신이 가지고 있는 기량이자 기능인데 정재는 항상 정당하며 정직과 근면과 성실의 상징이므로 그러한 성격이 당신에겐 있는 것이니, 그와같은 마음이 바로 당신에겐 수천 수만 정보의 전답을 가진것과 똑같은 것이다.

대개의 사람들은 나는 식신이 있는데도 어찌하여 인덕이 없고 자연과일처럼 생기는것 하나없고 남보다 더 잘살지 못하고 매일 허덕이며 사느냐고 문의하는 사람들을 보았지만 그러한 사고방식 때문에 식신은 변질되어 상관으로 변했고 정직한 정재가 되지 못한것이며 편재나 편인과 같이 노력과 끈기를 배격하고 일시적 수단이나 재치로서 한밑천 잡으려 한다면 그것은 절대로 통할리가 없고 설령 한밑천 잡았다 했을때 그 열매가 제대로 성실할 수 있을지가 의문이다. 세상은 이치로서 사는 것인즉 이치로 보자면 당신의 아들 딸을 당신이 보살피고 가꾸지 않는다면 그 자식인 열매는 과연 옳고 바르게 성장할 수 있겠는가.

그와같은 이치와 같은 것이다. 또한 대개의 사람들은 삶의 과정을 모두 돈에다 촛점을 맞추어 놓고 살아간다.

그저 돈만 있으면 무엇이든 전부 해결되는 것으로 생각하고 있다. 오직 돈이면 제일이고, 돈이면 그만이다 하는 생각으로만 살아가면 돈밖에 생각이 없기 때문에 다른것은 살피지 못하여 사고나 사건은 발생된다는 사실을 모르고 있다.

물론 돈은 제2의 인생을 창조하고 있으니 필연적인 것은 사실이다.

그러나 돈을 목표로만 삼아서는 안된다는 것이다. 즉 사과나무에 매달린 사과열매가 金인 돈인데 사과열매인 金은 사과나무를 심자마자 열리고 따는것이 아니란 것을 분명하게만 깨달으면 되는 것이다.

그렇기에 그것을 이해하기 위하여 이와같은 음양을 연구하자는 것이지 돈을 멀리하고 배격하자는 것은 결코 아니다.

그러면 정재의 성분은 더욱 확실하게 이해할 수 있는 것이다.

그런데 편재는 다르다. 편재는 정당하고 합법보다 적당한 것을 원하고 대략을 원하고 있으니 수단과 재치와 잔꾀를 위주로 한다. 정재는 깊이와 무게가 있으므로 차근 차근 단계를 밟으며 정진하여 가기를 원하고 있는 반면 편재는 얼렁뚱땅이며 대략이므로 인내와 노력으로 정진하는 정재보다 재치와 수완으로 살아가니 정재보다 필연으로 앞서갈것은 당연하지만 속은 부실하고 허망하다는 사실을 편재는 깨닫지 못하고 있다. 예를들어 당신이 편재를 사용하고 있다면 당신의 수완능력은 비범하다.

왜냐하면 사회엔 얼마든지 당신의 처와 똑같은 여자들이 많이 있으니 당신의 처는 당신이 합법적으로 부부를 맺은 관계지만 편재인 사회속의 여자들은 모두 편재에 해당하브로 그 편재인 여자들과 어울리려면 얼마나 수완과 역량이 능수능란한 언변과 재치가 있어야 할 것인가는 짐작하고도 남음이 있다. 비단 여자뿐이 아니다. 내가 지배할 수 있고 지배하는 것은 모두 편재에 속하여 금융 기업 사업 융통 노름, 도박 등등이 모두 편재이다.

그와같이 편재는 금융거래도 능수능란하게 할것은 필연이므로 자금을 융통하는 수단은 타의 추종을 불허할 것이므로 사교가 풍부할 것인데 그는 그만큼 사교와 신용을 재산으로 삼을것은 당연하여 누구에게나 신임을 받게되는데 최종적인 결산을 보면 내가 수완과 능력이 있어 상대를 이용 한 것이 아니라 결과는 내가 이용을 당한것이기 때문이다.

사람이 말이 많으면 실수가 없을리 없는것과 같이 수단이 좋으면 실수는 항상 뒤를 따라다니고 있으니 남은 결과는 허무한 것 뿐이다.

왜냐하면 수완과 요령과 재치와 능변으로 싸놓은 실속없는 화려한 모래성과도 같은 탑이기에 왕성한 氣가 있을때만 서 있을 것이요, 氣가 약해지면 허물어 질것은 당연지사인 때문이다.

그 이유인즉 정재는 절차를 밟아 사과나무를 가꾸고 키워서 소득을 올리는 반면 편재는 가꾸고 키우는 과정은 무시하고 오직 열매만을 위주로 살아가기 때문이다. 그와같은 사물의 이치를 말하여 정재 편재라 한다.

(3) 正官(정관) 偏官(편관)

앞에서 설명된 정재 편재의 입장을 뒤집으면 정관 편관이 된다. 그러면 여자의 입장에선 남편이 정관이요, 남편의 친구가 편관이며, 아들딸의 입장에서 보아도 아버지가 정관이며, 아버지의 친구가 편관이다.

이것을 十干으로 잠시 보자면 甲의 정재인 처는 己土요 처인 己土가 생산한 자식은 土生金인 庚辛으로서 己土인 처의 입장으로 보면 아들 딸이 식신 상관이요, 甲의 입장으로 볼 때는 아들딸이 金극木으로 정관 편관이 된다.

비단 甲뿐이 아니고 모든 十干은 그러한데 十干의 변화를 살피는 것은 인류사회를 살피는 것과 똑같은 것인즉 좀더 이해하기 쉽게 예를 들자면, 대나무는 木이요, 대나무에 딸린 낚시 바늘과 납봉은 金이다. 金은 木을 극하고 지배하나 적은 金은 큰 木을 지배할 수 없으니 반대로 木이 시키는 대로 할 수 밖에 없는 것이다.

그와같이 아버지는 아들딸이 어렸을 때만 마음대로 지배하고 통치할 수 있으나 늙고, 병들면 자식의 보호를 받아야 하니 지배당하는 것과 똑같은 것이다.

그것은 정재 편재에서 뚜렷하게 나타나고 있다. 그러면 아버지와 남편은 가장으로서 가정의 법관이요, 위정자며 통치자인 정관인데 정관이란 법이자 기강이므로 법은 공명정대할수록 강한 위력을 발휘하는 것이므로 마치 성능좋은 기계와도 같다. 기계는 자체가 강하고 완벽한 힘이자 기량을 발휘할 때 더욱 그 위력은 거세고 강하게 나타나는 것과 같은 이치가 아닌가.

그와같이 가장은 가장으로서의 기강과 체통을 요구하는것보다 자신이 스스로 기량을 발휘해야만 가정의 질서와 평화는 튼튼하게 되는 것인데 자신의 기강을 자신이 허물어 놓고 내가 시키는 대로 하기를 요구한다면 그는 정관이 아닌 편관인즉 정법을 안쓰고 편법을 쓰고있기 때문이다.

그와같이 정관이란 정도의 道를 상징하고 있는 것이므로 당신은 가장으로서의 정도를 가야하며 가장으로서의 법망을 자신이 튼튼하게 해야만 하는 것이다.

그러면 四柱에 있는 정관은 무엇인가? 그것도 역시 당신이 가지고 있는 기량으로서 당신의 마음과 정신과 육체를 관리하고 있는 법도로서 국방이 튼튼하지 못한 나라엔 오랑캐가 들어오고 국방이 튼튼한 국가엔 오랑캐가 들어오지 못하는 것과도 같은것이다. 어느 사주를 감정하던 혹자는 필자의 사주를 보고 당신은 관이 있기때문에 필시 국가의 관록을 먹게 될 것이라고 서슴없이 말한것을 기억하고 있지만 그것은 빗나가는 말임이 분명하다.

왜냐하면 사주란 내가 가지고 있는 상품임이 분명한즉 나를 요리사로 비유하자면 남들과 똑같은 재료는 있다. 그러나 만들기에 따라서 음식맛은 달라진다.

집을 세우는 것도 마찬가지다.

그것은 마치 내가 가지고있는 씨는 분명히 호박씨를 가지고는 있으나 호박씨를 물속에 심는다면 과연 호박이 나오겠는가?

또한 호박씨나 요리는 눈에 실지로 보이는 재료요, 내가 가지고 있는 四柱의 十千들은 보이질 않으니 어느곳에 심으며 무엇으로 요리를 해야 하는지 알길은 없다.

눈으로 보이는 재료를 가지고도 수없이 연구하고 노력해야 1등 요리사가 되거늘 눈에 보이지도 않는 마음의 재료인 네기둥 여덟자야 말로 요리하고 제곳을 찾아 똑바로 심어 놓기란 쉽지만은 아닌것이다.

그와같이 당신이 네기둥속에 정관이 있다면 그만큼 당신은 정도를 향하여 걸어가야 할것을 암시하고 있는것인즉 그길을 똑바로 간다면 반드시 가는 도중에 그곳을 거쳐서 갈것이며 거친 그곳에서 후한 대접을 받을것은 당연한 것이다.

예를들면 운동선수가 운동의 기량으로 올림픽에서 금메달을 딴다면 많은 환영을 받는것과 똑같은 이치가 아닌가. 그는 자신이 운동이란 기량을 닦았기에 금메달을 받은것이지 남이 닦은것이 아니다.

그와같이 정상을 향한 정도의 길은 멀고도 험한 것이지만 안가면 못가는 것이며, 그길을 가는것도 자신의 노력으로 가는것이다. 아울러 노력한것 만큼의 댓가는 반드시 있는것이 아닌가?

그러면 당신의 네기둥속엔 분명히 정관이 있다고 하면 그것은 분명히 관의씨는 있는것이다. 그렇기에 당신이 심고 가꾸기에 달려있는 것인데 당신이 그만큼 심고 가꾸는데 노력만 했으면 그 관의 넝쿨은 무럭무럭 성장하여 탄탄대로를 걸을것은 분명할것이나 당신의 마음속에 남을 비방하거나 헐뜯거나 돈에 대한 지나친 욕심이 있었다면 그것은 변질이 되는 것이다. 왜냐하면 다른 씨와는 달리 정관의 씨는 정상이요, 기강이며 법도로서 그만큼 마음과 정신에서 소중하게 보관하고 보호해야만 되는것이다.

그는 미치 산삼이나 녹용과 같기 때문에 아무 곳에서나 나오질 않는다. 그렇기에 남을 비방하거나 헐뜯는 마음은 상관이므로 안되는 것이다. 왜냐하면 여기 十干을 살펴보자. 甲의 식신 상관은 丙丁이요 甲의 정관 편관은 庚辛이다.

그러면 식신은 둥근 형태인 丙이요, 상관은 비판적이며 날카로운 丁火인데 식신인 丙은 辛을 아내로 맞으며 보살피는 반면 辛은 甲의 정관이다.

그러면 당신이 甲으로서 辛이 있다면 둥근 마음이자, 식신인 丙은 정관인 辛을 북돋아 주고 끌어 올리지만 날카로운 비판을 가하는 丁火인 상관을 사용한다면 당신의 정관인 辛金은 필연적으로 무능하게 되어있지 않은가 ?

그래서 상관은 정관을 쏘는 총알이라 하는것이며 또한 甲의 정재 편재는 己土와 戊土인데 당신이 甲으로서 순서와 질서를 따라 木生火 한다면 火도 火生土 하고 土도 土生金 하므로 당신의 정관인 辛金은 점점 살찌고 빛날것이나 당신이 甲으로서 木극土 한다면 土는 土극水 하고 水는 水극火 하며 火는 火극金으로 당신의 정관인 辛金은 무용지물로 변해 버리는 것이며 또한 그런것 까지도 좋으나 金극木을 하므로서 당신까지 충격을 받게되는 것이니 이는 지나가는 나그네를 발길로 찬다면 나그네 또한 당하고만 있지는 않을 것이며,지나가는 나그네를 쉬어가게 한다면 나그네는 반겨할것은 물론,

마음을 그곳에 두고 갈것은 정한 이치와 같은것이다.

그렇기에 당신의 네기둥에 아무리 좋은 씨앗인 기량을 가졌다 해도 당신의 마음에 따라서 十干의 씨앗은 변화하게 마련인 것이다. 그와같이 정관이라고 하는 열매를 따자면 자신에게 무한한 노력을 요구하고 있는 것이므로 그만한 가치와 위엄은 있는것이 아닐까?

당신이 가장인 정관으로 탈바꿈됨도 수많은 세월을 필연적으로 거쳐야만 되는것과 같은것이 아닌가. 아울러 당신이 현재 가장의 입장이라면 당신은 그와같은 정관이란 정도의 강인한 氣를 가지고 있는 입장과 똑같은 것이다. 그러면 편관을 살펴보자. 정관은 정도요 정상으로서 한단계씩 계층을 밟아 올라가는 정도를 말하고 있으나 편관은 다르다. 계층을 무시하고 정상의 언덕을 단번에 뛰어오르고 오르려 한다. 그래서 호랑이와 같은 칠살이라 명한 것인데 언덕을 뛰어 오르는 것은 호랑이가 적격이니 그만큼 강한 氣를 가지고 있다는 뜻이다.

다시말해 호랑이의 기질은 기운이 넘치고 있으므로 한 단계씩 오르는 것은 마음에 차질 않는다. 그만큼 성질이 급하다는 뜻이다.

그러니 누가 보아도 용맹스럽기만 하다. 그래서 칠살을 영웅호걸이라 하는 것인데 영웅호걸은 호주호색하고 호탕스럽다. 한마디로 氣가 왕성하므로 전쟁터엔 그 이상 적격자는 없을 것이다.

그와 같이 용맹함을 뜻하여 칠살이자 편관이라 한 것인데 이와같은 용맹을 정도에 사용한다면 음은 변하여 양이되는 것

은 필연적인 만큼 정관으로 변할것은 사실인데 그같은 용맹

을 편관 그대로 편법으로 사용한다면 뒷골목의 불량배 두목

밖엔 되지 못할게 아닌가.

인간은 누구나 정도를 택하고 정상에 오르길 좋아하고 있

다. 그렇다면 누구를 막론하고 자신부터 먼저 정도를 지켜

야 하고 정도를 가야만 될것이다. 그러함에도 자신은 정도를

무시하고 남만이 정도를 지키길 완한다면 남은 누구이며 자

신은 누구인가? 또한 어느 가정을 막론하고 자식이 정도를

간다면 좋아하고 있다.

그러면 좋아한다는 사실부터가 자신은 그길을 못가고 있다

는 증거이며, 또한 그길은 그만큼 가기가 어렵다는게 아닌

가? 그렇다면 그 험난하고 어렵고 높은길을 가냘프고 연약

한 자식은 오르게 하고 자신은 무얼하고 있다는 말인가.

흔히 돈만 벌어서 뒷바라지만 해주면 되는것으로 생각할

수도 있으나 그같은 사고방식이 커다란 문제점을 유발시킬 요

인이란 점은 자명한 사실일 것이다.

왜냐하면 인생은 한그루의 나무요, 돈이란 거름이다. 거름

만 주면 나무는 크는것으로 생각하는 것과 무엇이 다른가!

그와같은 사고 방식이 바로 편관이다. 정관의 마음은 자신

이 스스로 기능을 높임으로서 자식이나 아내나 친구가 자발

적으로 따라오게 하고있는 반면 편관은 편법으로 휘두르고

있으니 강한 기지와 용맹은 가상하나 자신이 스스로 편법을

쓰므로써 기강은 허물어진 것이니 대립이 생산되어 누구에나

환영받지 못할것은 두말할 필요도 없다. 왜냐하면 정관은 계

단을 하나씩 올라가므로 급진은 없는 이치와 같으니, 쉽게 더

워진 아랫목이 아니다.

그러나 편관은 계단을 무시하고 단번에 올라갔으니 주춧돌 없는 10층 건물과 무엇이 다를까. 떨어지고 무너짐은 하루 아침이다.

그와같은 이치를 말하여 정관 편관이라 하니 콩심은데 콩 난다는 말은 자신이 남을 비방하고 헐뜯는 것은 곧 자신을 비방하고 자신을 헐뜯는 것과 똑같은 것이며, 남을 존경하고 북돋아 주면 나또한 존경받고 올라 갈것은 너무도 자명한 것이며 十干과 十二支의 이치는 너무도 깊은것이 아닐까.

(4) 正印 偏印 (정인, 편인)

인수란 나를 생산하고 보살피고 길러주며 나의 모든 뒷바라지를 도맡아 해주는 어머니를 상징하므로 어려서는 어머니가 인수요 아버지가 관이며 독립을 하게되면 직장이 인수요, 의식주가 인수며 나의 건강도 인수이니 의약이 인수요, 나의 처도 정재가 되지만 남편을 위하고 남편을 사랑하는 마음은 인수가 된다.

그러면 인생은 누구나 인수가 있음을 역력히 알 수 있으니 당신의 마음이 인수에 해당한다. 즉 어머니의 마음처럼 인자하고 이해하고 감싸주고 사랑하고 포근하고 어질고 보살피고 따뜻한 인정등은 모두가 인수에 해당된다.

그 인수에도 음과 양으로 분리되니 더운 밥은 정인이요, 찬 밥은 편인인데, 생모는 정인이요, 편모는 편인이다. 점잖은 상태는 정인이요, 눈치보는 형태는 편인이다. 합법적인 내집은 정인이요, 전세는 편인이며, 삭월세는 편인이요, 전세는 정인이며, 사회는 인수요, 국가는 정관이며, 직장은 인수요, 사회는 정관이며, 가정은 인수요, 직장은 정관이며, 나는 인수요, 상대는 정관이자 편인이며, 나는 편인이며, 상대는 정인인데, 이와같은 방법으로 설명하자면 끝도 없으나 정인 편인의 본질은 사랑, 자비, 은혜, 덕망, 지식, 아량 이해등의 상징을 나타내고 있는것만 이해한다면 인수의 참뜻은 알고 남는 것이다.

그와같은 인수는 어질고, 착하고, 덕성이 있으며 교양과 인격이 뛰어난 지도자의 입장을 말하고 있으니 스승이 인수요, 공부가 인수며, 도장이 인수다.

그중에도 정인은 생모와 같이 정성스러운 상징이며 편인은 약삭 빠르고 눈치를 보며 재치와 인기와 교태를 상징하고 있으니 정인은 정관의 밑거름이요, 편인은 편관의 밑거름이 되는 것이다.

그러한 실례로 당신의 네기둥에 정관이 있고 정인이 있다면 당신은 승승장구 하며 정도를 향하여 올라갈 수 있는 밑거름이 있다는 암시를 받고있는 것이다.

그런데 정관은 있고 정인이 없다면 당신은 친아버지는 있으나 생모가 없으므로 당신 자신이 생모가 되어 정인인 어머니처럼 끈기와, 사랑과, 인내와, 노력과, 포옹과 이해로서 행동하고 실천한다면 그행동과 실천이 바로 생모가 되며 밑거름이 되는 것인즉 당신은 반드시 정상을 올라가게 되는 것인데 만약에 정관은 있으나 정인은 없고, 편인이 있다면 당신의 마음은 군자가 되는 씨를 가지고는 있으나 편인인 서모와 같이 약삭빠르고 눈치와 재치를 부리듯 더운 밥은 내가 먹고 찬밥은 남을 준다면 당신은 정상을 가기는 가도 정상이 아닌 비정상을 올라가게 되는 것이다.

왜냐하면 당신의 정관입장에서 볼때 당신의 정인은 정관의 식신이요 당신의 편인은 정관의 상관이기 때문이다.

이를 좀더 설명하자면 지도자란 덕망에서 배출되기 때문이다. 덕망이 없으면 정상의 지도자가 되었다 해도 뿌리없는 지도자로서 바람이 불면 뿌리인 덕망이 없으니 어디론가 흔적없이 사라질 것이나 덕망에서 자라나온 덕망의 나무는 덕망의 열매를 풍요하게 열릴 것이다.

번복하자면 덕망의 거름은 덕망의 관을 생산하지만 욕기의 거름은 빛깔만 화려한 가식의 관을 생산하기 때문이다.

인생은 출생하면서 부터 죽음의 목표를 향하여 걸어 간다. 그것은 마치 어느 언덕을 연상하면 똑같은 형상을 알 수 있는 것인데 장생 목욕 관대 건록 제왕까지가 오르막이요, 나머지가 내리막이다.

그렇다면 인생은 누구나 어떤 고개던 간에 한번은 정상에 오르기 마련인데 어떤 품질을 가지고 올라 가느냐가 문제가 되는 것인데, 좋고 나쁨의 파동은 필연으로 발생하는 것이 아닌가.

그러면 순수하고 어질고 착하고, 정직하고, 부드러우며, 누가 보아도 연약하고 힘이 없으며, 건드리면 곧 쓰러질 것처럼 보이는 품질만 가지고 있다면 그것은 어떤 힘이 와도 꺾을수도, 다룰수도, 지배할 수도 없는 것이다.

왜냐하면 그만큼 자체가 강하고 완벽한 기능을 스스로 생산하고 있기 때문이다. 이것을 속이 비어있는 품질의 입장에서 보면 그 품질은 너무도 부드러운 것만 있기 때문에 얕보고 무시하지만 실은 그처럼 강하고 튼튼한 품질은 없기 때문이다.

한 사람의 입장은 약하지만 그는 덕망이란 힘을 가지고 있으므로 덕망이란 근면이며, 모든 사혜, 자비, 사랑, 평화, 질서의 품질이므로 파괴될 수 없는 무서운 존재로 군림하게 되는 것인데, 그가 바로 정인이다.

그런데 편인의 입장에서 볼땐 나도 같은 인수요, 어머니다. 그러면 같은 위치인데 어째서 나는 그같은 대접을 해주지 않느냐 하며 대들고 따진다. 그러면 그 자체가 바로 편인이다.

왜냐하면 정인은 따지질 않기 때문이다. 즉 떡을 안주던 주던 간에 나의 도리를 다하지만 편인은 떡을 목표로 은혜를 베풀며 사랑을 하고 질서를 지켜주는 조건에서 움직이므로 능동아닌 피동이다.

그렇기에 돌아오는 혜택도 피동으로 오는것인데 그와같이 편인을 사용하면 밥먹기 힘들고 밥먹기 힘들다 보니 더욱 갖은 애교와 교태와 수단과 방법을 가리지 않게 되는것이다.

그는 그것을 깨닫지 못했기 때문이다. 그렇기에 그는 인색하고 야비하며 정인을 헐뜯기에 더욱 혈안이다. 너만 없다면 내가 독차지 할 수 있는것만 생각하기 때문이다. 그러면 헐뜯고 인색하고 야비한 것은 정인이요, 법이며, 사회요, 국가며, 생모인 나의 친어머니나 나를 헐뜯는 것과 무엇이 다르며 결코 자신을 비방하고 자신이 함정으로 빠지는 것과 소수점하나 틀림없이 명확하게 드러난 것이다.

그가 바로 편인이다. 그러면 당신의 거울인 네기둥을 보면 편인이 있고 없음은 알게 되었다. 그러면 당신 스스로 고쳐버리면 편인은 정인으로 바뀌는 것이니 인수의 씨앗인 부속품을 가지고 있다는 사실 자체를 자부해야 하며 긍지를 가져야 할것이 아닌가.

왜냐하면 씨앗이 있는 것과 없는것은 차이가 많기 때문이다.

한번 더 살펴본다면 당신은 丙火의 日干으로서 戊土가 식신인 둥근 마음인데 당신의 식신인 戊土를 보면 木극土로서 번개처럼 달려들어 둥근 마음인 식신을 파헤쳐 버리지 않는가.

그렇기에 남을 헐뜯고 비방하거나 모략을 하게되면 바로 자신을 모략하고 중상하여 자신을 함정에 넣는 결과가 기정 사실로 나타나는 것인데 그를 말하여 극은 극을 부르고 생은 영원한 생을 낳는다 하였으니 주먹을 주면 발길이 오고 사랑을 주면 사랑과 은혜가 겹쳐서 오는것과 똑같은 이치가 아닌가.

아울러 네기둥에 무엇이든 하나만 있으면 하나 그 자체로 正이며 둘이 있으면 偏이 되는 것인데 좀더 정리하자면 정인은 무의 조건이요, 편인은 유의 조건이다.

(5) 比肩, 劫財 (비견, 겁재)

남자는 여자가 겁재요 여자는 남자가 겁재며, 남자 남자는 비견이요, 여자 여자는 비견이며, 부모의 입장은 비견이요, 아들딸은 겁재가 된다.

왜냐하면 아들딸은 부모의 힘을 요구하고 있기 때문이다. 그와같이 나무와 줄기는 같은 甲으로서 비견이요, 나무에서 발생되는 乙木인 열매는 甲의 겁재가 된다.

이를 좀더 이해하기 쉽게 설명하자면 당신은 1개 회사를 경영하고 있다면 당신 회사의 모든 직원은 비견에 해당하고 직원 아닌 사회인은 겁재가 되는데 당신의 회사에서 생산된 세품에 대하여 정당한 가격을 내고 인수하는 마음은 당신의 회사를 이해하는 동조자가 되는 입장이므로 비견에 해당되며 당신의 회사야 흥하든, 망하든 알바가 없고 나만 있으면 그만이다 라는 생각에서 원가고 이해고 동조고 아랑곳 없이 생산품을 가로 채려는 그 마음은 겁재에 해당 되는 것이다.

그러면 비견은 협조자요, 동조자며 겁재는 반분도 아니고 송두리채 뺏어가는 겁탈자가 되는 것인데, 이와 같은 비견 겁재는 환경에 따라 작용의 변화가 현격하게 판가름 되는 것인즉 예를 들자면 당신의 회사에서 일하고 있는 직원이자 비견은 당신 회사의 경영이 건실하고 튼튼하면 비견으로서 협조자가 되지만 당신의 회사가 재정상의 결핍으로 위기에 직면하게 되면 당신의 직원들은 겁재로 둔갑이 되는 것이다.

왜냐하면 당신 회사에 있어 보았자 월급을 받을 수가 없기 때문에 이제까지 근무한 임금이나 받고 다른 곳으로 가야하기 때문이다.

그와같이 인생은 누구나 비견과 겁재를 가지고 있음이 판명된 것인데 비견의 본질은 언제나 합법을 택하여 반분을 요구하고 겁재의 본질은 비 합법을 주장하여 송두리째 가로 채는것이 본질이라 하겠다.

어째서 그렇게 되는 것이냐 하면 비견이란 씨는 장생처럼 순수하고 정인과 같이 무의 조건이 아니기 때문이다.

즉 정인인 생모는 무의 조건으로 육성 시켰으므로 자식은 부모의 은혜에 보답을 하는 것인데 비견이란 언제나 이권을 주장하고 있으므로 반분의 이권이 성장 하였기 때문에 송두리째 뺏어가는 것이다.

다시 말해서 반이란 이권의 욕심을 심었기 때문에 반의 욕심은 그대로 있지 않고 자라나게 마련인 것이다.

물론 인간 사회는 사람의 노동을 요구하는 대신 대금을 지불 하는것은 정당하고 합법적이며 그가 없다면 인류는 존재 할 수가 없는 것은 당연하다.

그러나 여기의 설명은 그것과는 성분이 다른 순수한 비견 겁재의 작용만을 설명하는 것이다.

즉 부모는 아들딸이 어떻게 생겼는지도 모르면서 요구하고 있는 것인데 왜냐하면 가통이나 혈통을 계승 시켜야 하기 때문이다.

그렇다면 우리가 냉철하게 자식의 입장이 되어보자면 내가 언제 나오겠다고 자처한것은 아니란 것이다.

나를 필요로 한 것은 나에게 짐을 지워서 부모가 못다한 것 부모가 소중하게 여기는것 등을 모두다 나에게 맡기기 위하여 나를 불렀고 내가 오기를 원하여 초청 하였으며 그와같은 업무를 맡기기 위하여 내가 가지않고 있기를 원하고 내가 튼튼하고 건강하기를 원하지 않느냐는 것이다.

그렇다면 자식인 나의 입장에서는 나를 그만큼 당신들이 써 먹을려고 한다면 댓가를 달라는 것이며, 그것은 당연하다는 것이다.

그래서 부모들이 자식에겐 꼼짝을 못하는 것인데, 즉 내집에 손님을 초청한 후에 대접도 하지않고 자기집을 위하여 일방적으로 봉사만 하라면 어느누가 하겠으며 어느 누가 좋다고 하겠는가.

그와같이 부모는 자식을 손님아닌 상전으로 모셔야 하는 것이며, 자식은 자식아닌 상전으로서 의당하게 후한 대접을 받아야 하는 것으로 풀이할 수 있는 것이며 그에 반해 맨처음 출장나온 큰아들에게 상속권을 주는것이며 큰아들은 당연하게 받을 것으로 생각하게 되는것인데, 첫번째 출장온 사람이 아들 아닌 딸이라면 어느모로 보아도 남자보다 미약하기 때문에 또 구원을 요청하게 되는 것이며, 큰딸의 입장에서 볼때는 같은 인간인데 어째서 나에겐 후한 대접을 해주지 않는 것이냐 하여 결혼때는 댓가를 달라는 것이며, 그동안 또한 곱게곱게보살피고 가꾸어 주는것인데 딸의 입장은 이곳에 정착이 아니라 다른 곳으로 가야하기 때문이 아닌가.

그와같이 인간은 인간 자신의 이익을 위하여 언제나 겁재를 부르는 것인즉 겁재는 항상 비견에서 배출하게 마련이므로 비견은 초석이요, 겁재는 초석위에 군림 하게된 세워진 알찬 건물인 것이다.

그에 따라서 초석이 튼튼하면 건물도 튼튼하게 세워지고 초석인 기초가 부실하면 겁재도 부실하게 마련인즉 겁재인 건물의 입장에서 보면 초석인 기초가 또한 겁재임이 분명한 것이다.

왜냐하면 기초의 입장에서 보면 사실상의 겁재를 요구 하였기 때문이지만 겁재인 건물을 세우고 나면 너는 내가 아니면 존재할 수 없기 때문이란 것이다.

그러면 당신의 네기둥에 있는 비견은 어떤 의미를 말하고 있는가를 알고도 남음이 있지만 좀더 설명하자면 당신의 네기둥에 비견이 있다면 먼저 재물의 비중을 보아야 하는 것이다.

즉 당신의 기량이자 부속품인 네기둥 속에 日干인 군주가 얼마나 많은 재물을 가지고 있느냐가 문제의 열쇠가 되는 것인즉 예를 들어 日干이 庚이라고 하면 庚의 정재편재는 甲乙木이 된다.

그러면 甲乙木이란 정재편재가 튼튼하냐, 약하냐 하는것인데 이것의 비중을 저울질하는 촛점은 月支에 맞추면 되는것이다.

다시말해 年月日時가 있으면 당신이 가지고 있는 年月日時는 모두 당신이 가지고 있는 것이며 그 부속품은 지휘하는 지휘자가 日干이며 나머지는 日干의 신하인데 日干의 비중인 무게도 月支에 맞추며 다른간도 月支에 맞추어 보면 장생 목욕 관대건록등 무게가 나오게 된다.

그러면 당신의 日干이 제왕이면 임금인 군주의 힘이 왕성한 것이요, 乙木이 제왕이요, 日干은 약하다면 임금인 일간이 어쩔수 없이 섭정의 정치를 해야하는 것인즉 임금이 힘이 약하기 때문에 신하에게 의지해야 하는 것이다.

그와같이 만약에 庚의 日干으로서 甲乙木인 정재편재가 왕성 하다면 庚이 수많은 재물이요, 전답을 갖고 있는 것이므로 당신이 가지고 있음을 암시하고 있는 것이다.

그러면 혼자의 힘으로 감당하기가 어려운 것인즉 고래 한

마리를 혼자서 끌어올리지 못하는 것과 동일한 것이므로 비견인 동지의 힘이 필요한 것이다.

이는 전답인 새물이 있기 때문에 비견을 필요로 하는 필요의 성립이 이루어 졌지만 전답인 재물이 없다면 비견을 요구하는 성립이 안되는것은 당연하다.

그렇기에 먼저 재물의 현황을 보아야만 판단이 서게 되는 것인데 재물인 정재 편재가 시원치 않거나, 전무인 상태임에도 비견이 2내지 3이 있다면 당신의 마음은 항상 정상이 아닌 비정상을 요구하고 있는것을 깨달을수 있을것이다.

전답도 없고 재물도 없는데 친구만 찾아오고 사람만 찾아오니 대접은 할게 없고, 그러다 보니 마음은 상하여 짜증이 생기고 신경질이 생기며, 울화가 치밀어 돈에·대한 집념내지 불평불만인 갈등은 언제인지 모르게 싹트게 마련인 것이다.

그러나 농토가 있고 재물이 있다면 문제는 다르다.

혼자는 절대로 감당 할 수가 없으므로 힘을 빌려만 주면 댓가는 넉넉하게 줄 수 있기 때문이다.

그래서 사람을 반기게 마련이고, 대접하게 마련이니 누구든 간에 그를 싫어할 사람은 없는 것이다.

그러다 보니 더욱 비견의 힘은 모이게 되어 그 속에서 소득인 겁재가 나타나는 것이다.

그러면 소득인 겁재는 다시 분할되어 다시 비견에게 돌아가게 되는것인즉 당신은 비견 겁재를 한꺼번에 자유자재로 지휘하게 될 것인데 소득을 올릴 정재편재인 재료도 없으면서 비견만 부르면 그 비견은 모두 겁재로 둔갑하게 되니 당신은 소득 아닌 채무만 불러들인 결과가 되는 것이다.

그러면 남자와 여자가 합쳐야만 자식을 생산할 수 있듯이 부모의 입장은 비견이요, 자식의 입장은 겁재와 같이 사람은 비견이요, 돈은 겁재가 되므로 돈이란 재물은 언제나 사람의 정신과 힘을 요구하고 있으므로 사람은 언제나 돈이란 상전 때문에 흥하기도 망하기도 하는 것인데 부모의 입장에서 자식을 원하여 자식을 불러들였으니 자식에게 모든 정성을 다해야 하듯 사람도 돈을 요청 하였으면 그만큼 돈에게 대우를 해야 하는것이다.

왜냐하면 자식과 똑같은 이치 때문이다. 만약에 당신이 자식에게 일방적으로 자식의 인권을 무시하고 너는 나의 자식이니 내 명령에 절대로 따라야 한다며 도리에 어긋나는 행위도 거침없이 시킨다면 자식이 부모를 부모라고 생각 하겠으며 그런 명령에 따를수 있겠는가 ?

돈도 마찬가지다. 앞에서 설명한것과 같이 돈은 눈을 뜨고 다니기 때문에 도박판에 굴러다니고 쓸데없는 주색에 낭비하고 허세에 낭비하길 원하지 않는것은 당연한 것이다.

왜냐하면 돈이란 바로 인간의 마음과 언제나 동거동락 하고 있기 때문이다.

물론 사치와 낭비는 순간적으로 볼때 최고의 가치가 있는만큼 그는 순간의 마술사요, 순간의 영웅이라 할 수 있다.

그순간 많은 제왕이었기에 좋았지만 그순간이 지나면 내려가는 시기이므로 허망한 것이다.

우리가 술을 마셔 보아도 그렇다. 이제 마시기 시작 할 때가 장생이요, 최고로 올랐을 때가 제왕이며 깨기 시작하면 내리막이다. 그래서 마실때는 기분이 흥분하고 깨기 시작하면 기분은 탁하고 나쁜 것이다.

그와같이 삼라만상은 이치의 흐름에 동거동락 하고 있는 것인데 돈이란 겁재역시 똑같은 것이므로 사람이 불러 들인후 제갈을 찾아 쓰지 못하면 구렁텅이로 끌고가는 것인즉 결과는 힘정으로 자신이 빠져 몰락하게 되는것이다.

그렇기에 돈이란 언제나 気를 택하여 気와 함께 호흡을 하고 있다.

다시말해 돈이란 자체의 근본을 분석하면 돈은 음으로서 냉정을 상징하고 있으므로 절대로 인정과 양보는 없는것이기 때문이다.

다만 인정이 있고 감정이 있으며 눈물이 있는 사람을 만남으로 해서 우여곡절의 변화가 생기는것 뿐이다.

그러면 예를들어 당신의 네기둥에 비견이 많다고 했을때 그 비견들은 당신에게 무엇을 요구하고 있는지를 알게된것인데, 좀더 설명하자면 비견은 언제나 합법으로 반분을 상징하고 있으니 협동과 상부상조와 근면과 같은것이다.

아울러 당신의 日干이 庚이라면 비견도 庚인데 庚의 식신은 壬이다.

그렇다면 내가 좋아하는 식신인 壬은 비견도 좋아할것이 당연하지 않은가.

그러면 식신은 무엇이며 무엇을 뜻하고 있는지 알수있을 것인데 반대로 庚이 日干이요, 辛인 겁재가 여러개 나타나 있으면 해석은 지금까지의 설명을 토대로 하면 되므로 겁탈자들이 한떼를 지어있음을 뜻하니 어째서 무리를 만들어 모여 있는지는 당장 알수가 있으므로 도박 주색등을 가까이 한다면 필경 좋지않은 결과가 온다는 것을 알수 있으며 겁재를 움직이지 못하게 하는 비상약은 관이 있어야 하는데, 당신의 네기둥에 丙丁火가 없다면 당신이 스스로 만들어 사용해야 하기 때문에 관이란 법도이자 기강이므로 자신의 마음에서 그만큼 통제하고 절제를 해야한다.

아울러 관의 뿌리는 인수인 덕망과 지식과 인내와 노력등을 상징하고 있으니 노력과 인내로 자신의 마음에 관인 기강과 법도를 지키게 되면 겁재의 무리인 음은 변하여 반드시 양이되는 것이니 당신에겐 남보다도 수많은 비견이나 겁재의 무리이자 힘이 있기 때문에 돌아오는 재물의 이권도 엄청날 것은 당연하다.

더욱 요구되는것은 그 많은 비견의 무리나 겁탈자를 다루자면 웬만한 통제와 절제로는 절대로 힘든것은 당연한즉 다루기 힘든만큼 노력이 필요하고 그 노력으로 그일에 성공한다면 그만큼 남보다 몇십배의 소득이 있음도 필연적이 아닌가?

그래서 노력없는 댓가는 있어도 쉽게 변질하고 노력있는 댓가는 알찬 결실을 보는것이 아닌가.

그러하니 재물없는 비견겁재가 많다면 먹지도 못하고 함정에 빠져드는 유혹이 동서남북에서 밀려오는 것과 똑같은 것인바 마음의 절제와 통제와 피나는 노력을 남보다도 몇십배 요구하는 것임을 진정으로 깨달으면 해결은 되는 것이며 그러한 만물의 이치를 말하여 비견 겁재라 하였으니 十干이란 것은 어느것 하나라도 나쁘고 흉하고 못쓰고 쓰는것은 하나도 없다.

다만 자신들의 마음에서 十干인 부속품은 하루도 빠짐없이 쉬지않고 움직이고 있다는 사실을 깊이 간파 하여 쓰고 사용 하기에 따라 길흉은 나타나게 마련이므로 이는 택시와 택시 운전사를 비유하면 너무도 똑같은 것이다.

더욱 명심해야 할것은 당신의 日干은 庚이라 할때 섭재는 辛이다.

그러면 庚의 정재인 정처는 乙木인데 겁재인 辛은 당신의 정처요, 정재를 충하여 못쓰게 만들고 있지않은가.

왜냐하면 辛인 겁재는 乙木의 七殺인 편관이기 때문이다.

그와같이 당신의 부속품 중에 겁재가 있다면 당신의 정처 를 충하여 못쓰게 하는 씨앗 이므로 절대로 법을 위반하는 행 위나 노름, 도박, 거짓말, 사기, 협잡, 폭행, 신경질, 시비같은 겁 재의 행동 그대로 해서는 당신의 재물 아니면 처의 건강이 해로워 지므로 당신 스스로 교화를 시킨다면 도둑은 변하여 은인으 로 둔갑하게 되니 당신의 자신에 많은 이익을 약속하고 보장 받게 되는 것이다.

24. 逆生治(역생법)

水生木 하지만 木도 木生水를 한다. 土가 많으면 水가 막히거나 힘을 못쓰게 되는데 木이나타나 土를 헤쳐주면 水는 살아남으로 木生水가 된다.

木生火 하지만 겨울木은 동사에 직면함으로 火를 만나면 生気를 찾게되니 火生木이 된다.

火生土 하지만 水가 많으면 火는 위협을 받아 꺼질것이니 土가 水를 막아주면 土生火가 분명한 것이다.

土生金 하지만 木이 많으면 土는 꼼짝을 못한다. 이때 金이 나타나 木을 누르면 金生土가 된다.

金生水 하지만 火가 많게되면 쇠는 녹아 버리니 水가 火를 설기하면 水生金이 된것이 분명하지 않은가.

25. 逆剋法(역극법)

木이 土를 극하고 지배하지만 木이 약하고 土가 강하면 적은 호미로 태산을 무너뜨리지 못하는 것이므로 오히려 土에게 지배를 받게 된다.

土극 水 하지만 적은 흙은 절대로 많은 물을 지배하지 못하는 것이므로 水극 土가 되는 것이다.

水극 火 하지만 큰 불은 절대로 적은 물로 못 끄기 때문에 오히려 火극 水가 된다.

火극 金 하지만 불은 적고 쇠가 많으면 오히려 金이 지배하게 됨으로 金극 火다.

金극 木 하지만 왕성한 굵은 나무는 적은 톱으로는 지배할수가 없음으로 오히려 적은 톱만 상하게 되니 木극 金이 된다.

위의 설명과 같이 인수라 해서 덮어놓고 좋은 것은 아니다.

즉 水生木 하지만 水가 많으면 물이 많으니 木은 부목으로서 둥둥 떠내려 갈것인데 木의 정재 편재인 土를 쓰면 土가 水를 눌러 줌으로 木은 살아난다. 이와같은 원리는 사람이 아플때 돈을 쓰면 병을 고치게 되는 것과 똑같은 것이다. 아울러 다른 干도 모두 한가지가 되므로 木生火로서 木은 火의 인수지만 木이 많으면 불인 火가 꺼지게 된다. 이때 火의 재성인 金을 쓰면 木을 짧게 자르거나 쪼개어 火를 살아나게 하니 火는 돈을 써서 자신의 병을 고친것이다.

火도 그러하며 土도 그렇고 金드 그러하다. 아울러 재물도 지나치게 많으면 짐짝이 많은 것과 같으므로 걸어갈 수가 없게되어 인수의 힘이나 비견겁재의 힘을 빌리지 않고는 도저히 갈수가 없는것인데, 본인은 구태여 욕심을 버리지 못한다면 화물인 짐보따리 때문에 죽음을 면치 못하는 것과 똑같은 것이며, 身이 약한 자가 정인이나, 편인인 보약이나, 지식이나, 덕망이나, 학문에 힘쓰지 않고 재물을 쫓아 다닌다면 종래는 기운이 지쳐서 쓰러지게 마련이다.

그와같이 상생 상극과 왕쇠강약의 원리를 세밀하게 간파해야만 자신을 비롯한 자식들의 네기둥을 더욱 상세히 분석할 수 있는 것이다.

아울러 네기둥을 살피자면 어느것 하나 얽히지 않는것은 없고 어느것 하나 복잡하지 않은것은 하나도 없다. 왜냐하면 인생이란 삶의 자체가 복잡하기 때문이다.

그렇기에 편하고 즐겁고 안락하고 행복하고 돈많고 자식 잘되고 남편 잘되고 아내가 잘되고 하는것은 천의 한사람, 만의 한사람 있을까 말까하며 요행도 없는 것이다.

　다만, 인생의 삶이란 자체가 끝없는 인내와 노력을 요구하고 있는 사실을 깨닫고 인정하며 그를 목표로 상부상조와 협동으로 더욱 정진 하자는데 그 목적을 두고싶은 것이 아니겠는가 ?

26. 鑑定要訣(감정요결)

(1題)

乾命
57才

申酉　壬辛戊丙
(空亡) 辰巳戊寅

지	乙	戊	辛	戊
장	癸	庚	丁	丙
간	戊	丙	戊	甲

67	57	47	37	27	17	7
乙	甲	癸	壬	辛	庚	己
巳	辰	卯	寅	丑	子	亥

　戊(9月)의 辛(과일)로서　時의　干에　壬(水)(구름은 비를 저장하고 있어 냉장고와 같음)를 가지고 있으니　과일인 辛金은 부패되지 않으므로 과일로서 상품의 가치는 비싼 능력을 지니고 있음이 분명하다.

　더욱 상품을 고가로 인정받게 하는것은 丙火인 정관과 戊土의 정인을 대동하고 있어 본명의 성품은 더욱 돋보이는 것이다.

　아울러 時에 있는 壬水는 상관인데 정인과 정관의 능력을 겸한 상관으로서 본명의 언행은 바르고　정직함이 분명하여 헛된 말로서 불평불만이 아니라 비상하고 의욕적이며,창작과 분발을 말함이 아닌가.

더우기 年에서부터 火生土, 土生金, 金生水로 고지에서 저지로 질서정연하게 흐르는 물과도 같으니 소용돌이 치며 역류하려는 마음의 파동은 찾아볼 수 없고 조용하고 한적하게 평화와 실서를 추구함이 역력하다.

더욱 본명이 혹가로서 인정 받는것은 정관 정인이 가식이 아니라, 지장간(마음 깊은곳)에 丙인 정관의 뿌리 戊인 정인의 뿌리가 있어 모든 말과 행동은 일치하고 있다.

만약에 天干엔 정인 정관이 있고 지장간 속에 뿌리가 없다면 겉으로는 군자이나 내면은 군자가 아니므로 이중인격이 분명한 것이다.

왜냐하면 뿌리없는 나무는 바람이 불면 흔들리는 것은 고사하고 송두리채 뽑혀 쓰러지기 때문이다.

그와같이 재물이자 화물인 정재, 편재도 뿌리가 없으면 허공에 떠 있는 상태와 똑같은 것이다.

그런데 본명은 재물의 마음은 있으나 깊은 곳에 감추어 놓고 있는 상태로서(甲乙) 꺼내려 하지 않으나 상관인 壬水(자동기)에 의하여 자동적으로 재물은 생산되는 것이다.

그에 따라 대운의 운로를 살펴보면 亥子丑 북쪽 水의 고장을 걸어 왔으니 水의 고장은 金生水로서 식신 상관의 운로였으니 辛의 재량과 기량을 있는대로 발휘한 고장이며, 寅卯辰은 동방 木으로 재물의 고장이며 정관이자 丙火가 힘을 얻는 곳이니 정관은 벼슬이요, 명예며, 직위이므로 東方木운에 직위는 높아지나 사실상 丙火는 午나 巳를 만나야만 왕성하게 되는것인데 年支에 寅과 月支에 戌을 타고 있으므로 높은 직위가 아닌것을 암시하고 있는것이다.

戌이란 丙火의 무덤이자 墓로서 정관의 외롭고 고독하며 쓸쓸함을 말해주는게 아닌가 이는 벼슬인 관록을 접하고 있기는 하나 만족하지 못함을 암시하는 것으로서 관대의 결핍 때문이 아닐까 하는 것이다.

寅이란 丙火의 장생支로서 정관이자 관록이며, 기강이요, 법도며, 명예요, 직위는 무궁무진의 대성을 암시한 것인데 고집이며, 아집인 관대의 약점과 壬水인 상관의 결핍으로 승승장구의 길은 좌절된 상태이나, 인수와 정관의 기질로서 참고 인내하고 견디는 형상이다.

왜냐하면 사실 관대의 성격이란 장단의 파동이 많으며 더욱 본명은 상관인 壬水를 택하고 있기 때문이다.

이것은 정관인 법도와 정인의 도덕을 배경으로 활동함이 분명한즉 대중과 사회와 국가를 위하여 노력하는 선구자와 같은 기질이 뚜렷하게 나타나고 있는 것이다.

(2題)   乾命
戌 亥 乙 庚 丁 甲   9才
(空亡) 酉 午 卯 寅

| 庚 丙 甲 戊 |
| 丙 |
| 辛 丁 乙 甲 |

52 42 32 22 12 2
癸 壬 辛 庚 己 戊
酉 申 未 午 巳 辰

卯(2月)의 庚金으로 일찍 생산된 딸기와도 같은 형상이니 조숙할 것은 틀림없으나 반면 조로할 것이며 마음속에 기틀이

- 168 -

자 거름이며 인수인 土가 없으므로 참고 인내하질 못하여 사
람이 가볍고 경거망동하며 참지를 못하고 나오는대로 쏘아대
니 무게가 없고 식신 상관인 壬癸水가 없어 활동과 의욕과
분발이 없고 이해할줄 모르며 地支엔 寅午가 半合을 하여 火
局을 이루고 酉의 제왕 卯의 제왕이 있으니 동서남북에 시비
가 분명하여 성격은 더욱 거칠고, 난폭하며, 甲乙木(정재,
편재)가 卯에서 건록 제왕이니 태산같은 화물을 짊어진 격이
나 인수와 식상이 없으니 자제와 이해가 없어 누구하나 주는
것을 모르고 오직 혼자서만 먹어야 되겠다는 욕심으로 가득
차있다.

丁火인 정관은 있으나 어머니 없는 아버지와 같아 정관인
기강과 법도를 지키려 애를 쓰지만 마음속에 따듯하고 온화
한 인수가 없으니 정관은 무서운 편관으로 변했고, 편관의 독
촉은 성화로 변하여 더욱 안절부절 앉을 자리가 없다.

그러다 보니 甲乙木인 편재를 사용하여 재간과, 능변과, 수
완을 부리나 재주는 모두가 메주로 뒤바뀌고 그럴때마다 더
욱 마음은 초조하고 불안하기 짝이없어 巳午未 대운을 거치
는 동안엔 호흡기관인 폐와 대장(庚辛)에 좋지 않은 이상이
발생됨을 암시하고 있으며, 壬癸(콩팥 신장)에도 이상이 생
길게 확실하다.

왜냐하면 巳午未는 무더운 열기의 고장으로 열이 오르면
수분은 증발되는 것인데 본명엔 壬癸가 한점도 없으니, 콩팥
과 신장의 이상현상은 필연적이다.

인생은 콩팥과 신장의 힘으로 움직이게 되는 것이라 해도
과언이 아니거늘 본명은 처음부터 壬癸가 없어 활동력과 창

조력인(의욕적 분발) 식신 상관이 없는 것으로서 움직이지 않고 편안히 앉아서 먹으려는 것과 똑같은게 아닌가.

그러므로 해서 甲乙木인 편재는 더욱 편재로 둔갑되고, 편재인 능변 수완 재간 재치는 물기(壬癸水)없는 나무로서 흙(土) 없고 물(水) 없는 나무가 온전할리가 있겠는가 ?

이는 허공에 떠있는 재물만 한보따리 짊어지고 있는 격으로 본명의 마음은 한마디로 허공에 떠있는 뜬구름과 같은 형상인 것이다.

그렇다면 본명이 살아가야할 방법은 한가지 길밖엔 없다. 대인 관계를 멀리하는 도시 생활을 버리고 조용한 시골에서 땅인 土(인수)를 무대로 양어장 방목 농사일이 본명에겐 가장 적합한 길이다.

그렇기에 乙庚合으로 묶여있지 않은가 (이것은 정직을 토대로 살아가라는 암시임) 乙木은 정재요 정재는 근면과 성실을 상징하고 있으며 乙木이란 생물이니 생물은 土와 水가 근본이 아닌가 보약은 쓴것으로 먹기는 싫으나 먹으면 몸에 유익한 것인데 본명은 허공에 떠있는 편재를 잡으려고 과연 시골 생활에 만족할 수 있을지가 의문이다.

그러나 그 길을 택하지 않는다면 42세의 壬대운에 식신을 만나게 되어 그나마 조금이라도 가지고 있던 庚의 기운을 壬과丁이 합작하여 木인 재로서 둔갑되면 더욱 뜬구름인 편재를 잡기에 휘말려 불치의 병객으로 황천길을 재촉하게 명확하다 하겠다.

그 이유를 좀더 설명하자면 뜬구름 잡으려는 마음의 발생원인은 水인 콩팥과 신장의 결핍과 위장이며 비장인 土의 기능이 약하기 때문이다.

즉 土이자 비장이며 위장이 건실해야 심장과 소장인 火의 기운을 뽑을 수 있고 金인 폐와 대장을 북돋을수 있으며 水인 콩팥과 신장의 기능이 좋아야 水生木 水극火로 심장도 관리하며 간담의 기능을 높여주는게 아닌가. (土는水가 없으면 헛일)

(3題)　　　　　　　乾命
辰巳　丙 己 癸 癸　　50才
(空亡) 寅 亥 亥 酉

戊 戊 戊 庚	67 57 47 37 27 17 7
丙 甲 甲	丙 丁 戊 己 庚 辛 壬
甲 壬 壬 辛	辰 巳 午 未 申 酉 戌

亥(11月)의 己土인 농토로서 꽁꽁 얼어있는 겨울땅밑 깊은 곳에 변질시키지 않으려고 壬水인 냉장고 까지 동원시켜 귀중한 甲木의 씨앗을 저장하고 있으니 본명의 마음은 한마디로 말해 지나칠 정도로 꼼꼼하다.

왜냐하면 겨울인데도 불구하고 냉장고인 壬水가 한대도 아닌 두대씩 동원시켜 甲木을 보호하고 있으며 또한 지나치게 얼어서 상할세라 그옆에 비상용으로 丙火인 난로까지 저장하고 있으며 만약에 壬水인 냉장고가 고장나면 金生水로 고치려고 미리 庚辛까지 대비하고 庚辛이 염려되어 戊土인 덮개로 꼭꼭 묻어 놓고 있으니 얼마나 꼼꼼하고 세밀한 마음인가 그럴수 밖에 없는게 亥(10月)이면 눈비가 쏟아져 빙판으로 범벅이 될터인 즉 완벽한 준비가 없다면 겨울을 지내기는 어려울게 아닌가.

그런데 벌써 癸水이자 편재는 하나도 아닌 둘이 겹쳐 亥月의 강하고 강한 왕기이자 제왕이요, 폭설로 변하여 내려오고 있으니 己土인 농토가 의지해야 할곳은 丙이자 정인밖에 없다.

그런데 丙火역시 亥月엔 絶이 되어 변동하고 있으니 의지해야 할곳은 戊土인 겁재밖에 없다.

그런데 이게 웬일인가 겁재인 돈만 생각하고 돈만 따라 다니면 돈 때문에 발생되고 생기는 일은 모두가 사건내지 채무만 늘어갈뿐 전진과 발전은 찾아볼수 없으니 마음의 요동은 심하여 방향감각을 잡기가 어려워만 지는 것이다.

그 이유는 겨울의 己土인 胎가 丙火이자 정인이며 생모인 직장생활에 의지하지 않고 겁재(돈, 자립)를 추구하고 겁재를 쫓아 다녔으니 겁재는 동작이 빠르고 날렵한 인물이며 인정 사정이 없으니 어린 胎덩어리가 쫓아가는 비례를 맞출길

은 없는 것이므로 戊土에서 土生金으로 생산되는 품질은 庚辛金인 식신 상관인데 겨울에 생산하고 겁재가 생산한 품목이니 인정 사정을 멀리한 굳은 돌이나, 쇠붙이나, 바위나, 먹지못할 차디찬 얼음 덩어리가 아닌가.

그래서 申酉戌 서쪽 방향을 걸어오는 길은 빙판에 불룩 불룩 솟아오른 얼음산과도 같은 자갈밭을 걸어왔고 42세되는 未운에 이르러서는 己土가 未에서 관대가 되므로 47세 까지

는 어느 정도 모든 일의 형통이 되었으나 戊午 대운인 戊운에 이르자 겁재인 戊土가 쌍癸水를 막아준다는 조건으로 가뜩이나 힘이없는 丙火의 기운을 火生土로 설기하여 폭설을 막는 척 하고 있으나 현재 처해있는 상황에서 겁재가 폭설을 막아내긴 어려울것 같다.

그러나 과거와는 달리 기미는 보이고 있으니 보람찬 내일의 희망은 약속한 것과 다름이 없다.

왜냐하면 본명의 마음속엔 정관이자 기강인 甲木의 씨를 언제나 소중하게 보관하고 있었으니 午의 대운엔 얼었던 대지가 풀리며 午에서 丙火이자 정인이 제왕으로 높이 솟아 오르며 이제까지 잠자고 있던 甲木이자 정관은 정인을 도웁기 위하여 甲子年 세운에 불끈 솟아 오르니 52세부터 이제까지 생활상 어쩔수 없이 사용하던 가식의 겁재를 벗기고 정도와 정상에 발맞추니 이제껏 거드름을 피우던 겁재와 편재의 癸水역시 회심하여 오히려 충복으로 써주길 간곡히 부탁하며, 생산에 주력함으로서 과거의 변질된 土生金이 아닌 水生木, 木生火, 火生土로서 활동(庚辛)이 순조롭다.

이는 자신이 언제나 마음속에 정도인 甲木을 소중하게 관리해 온 댓가인 것이다.

만약에 그 정관인 기강을 무시하고 상관인 庚金을 휘두르거나 편재인 편법만을 사용했다면 본명은 水극火로서 심장병이나 정신 이상의 결핍으로 戊土인 겁재운에 필경 암운이 닥쳤을 것이다.

(**4題**)　　　　　　坤命
申酉　甲甲甲戊　　25才
(空亡)　戊戊子戊

辛 辛 壬 辛
丁 丁 　 丁
戊 戊 癸 戊

62 52 42 32 22 12 2
丁 戊 己 庚 辛 壬 癸
巳 午 未 申 酉 戌 亥

　남자도 아닌 여자로서 얼핏 보기엔 甲木의 비견이 중중하고 戊土인 편재가 하나밖에 없으며 더욱 子(11月)의 겨울 태생이라 마음이 냉혹하고 어두울것 같지만 그러하질 않다.

　왜냐하면 子는 癸水로서 동서남북 사방에 戊(건토, 태양의 무덤) 土가 있으니 땅속 깊은곳에 辛金인 자갈로 곱게 쌓아올린 옹달샘과도 같은 더운 옥수물이자 약수물이다.

　더욱 戊土는 태산이 아닌가. 그와같이 높은산에 푸른 나무숲과도 같은 형상으로서 목욕인 甲木이니 마음은 항상 푸르고 젊으며 어린 목욕의 비견들이 무리를 만들어 소꿉놀이를 하는 형상인데 추위를 모르기 때문이다.

　그러면 목욕은 갈팡질팡이라 하였는데 본명은 어찌하여 어질고 착하며 실수를 하지 않으려 하는가.

　子는 癸水로 정인이다. 정인은 끈기와 노력과 인내와 지식과 어진것을 바탕으로 하였고 그러한 약수물을 비견들과 함께 먹어가며 성장하기 때문에 어질고 착한 무리가 되어 협동과 상부상조로 움직이는 것이다.

　그런데 만약에 戊土가 아닌 己土였다면 문제는 다르다.

　甲木의 비견들이 己土인 정재 하나를 놓고 합법을 주장하는 형국으로 필시 비견들은 겹재로 둔갑되어 群比爭財 (군비쟁재)를 할것이 아닌가.

그런데 己土아닌 편재이자 戊土가 동서남북의 戌속에 뿌리를 가지고 있으니 적은 재물이 아니요, 비견들과 함께 만족하고도 남을만 하다.

더욱 子水인 옹달샘이 마르지 않도록 정관이자 자갈이며 辛金이 사면에서 金生水로 생기를 배양하고 있어 그야말로로 생생불식이다.

이와같이 비견 겹재는 재물의 비중에 따라 변화하는 마법사의 술사와 같은 것인데 재물이 넉넉하다 하는것은 넉넉한 그것과 같이 마음의 여유를 말함이며 비견이 많아 협동과 상부상조가 이루어 짐은 그만큼 부지런과 근면과 성실을 뜻하고 있어 본명은 어질고 착하며 근면하고 성실하다는 것이다.

그렇기에 地支인 사면 곳곳에 정관이 있는것인즉 남편될 후보감이 하나도 아니요 수 없이 떼를지어 노리고 있는 형상이다.

이는 절세 미인인 관계로 노리고 있는것은 아니다. 나무가 1月 2月이나 가을나무 단풍과 같이 록색이나 붉은색으로 치장이 되었어야 아름답고 화려한 미인일 것인데 11月의 나무가 분명한 즉 인물이 뛰어나진 못했을 것이나 본명의 마음씨에서 흘러나오는 에너지는 누구도 심취가 될것같다.

그래서 22세되는 辛酉 대운부터 청혼은 쇄도하고 있는 형상인데 26세를 넘기지 말고 정관인 辛酉를 남편으로 맞아 결혼해야 할 것 같다.

왜냐하면 辛酉가 지나가면 庚申이자(庚은 申에서 건록, 서릿발, 마치 성능 좋은 도끼와 같음) 편관을 만나게 되면 비견인 협동의 기강을 허물어 버리고 乙木인 겁재로 만들어 버리게 틀림없지 않은가 왜냐하면 庚金은 乙木을 가장 좋아하기 때문이다.

그와같이 庚인 편관은 어린 목욕의 甲木으로서는 어울리지 않는 것이다.

또한 정관인 辛을 택하는 이유중의 하나로서 辛은 본명이 가지고 있는 부속품으로 생수이자 옹달샘을 金生水로 생산시키고 있으며 또한 子에다 辛을 저울질 해보면 장생으로서 그야말로 목욕인 甲木에 어울리는 정관이자 남편이기 때문이다.

그러나 결혼 후에도 32세 되는 庚申의 행로에 접어들게 되면 무서운 호랑이이자 편관이며 성능좋은 도끼요, 산적과도 같은 칠살을 맞게되니 32세부터 42세의 10년간 허공의 떠있는 편재이자 뜬 재물을 탐하지 말아야 할 것이다.

그 이유는 甲木의 비견들이 戊土에 만족하고 있는데 庚申이 나타나면 戊土의 식신이 되는 庚은 필연적으로 戊土를 土生金으로 유혹할게 확실하기 때문이다.

그렇게 되면 목욕인 甲木은 갈팡질팡이 분명하고 실수아닌 과오를 범하게 되어 무서운 도끼앞에 甲木의 비견이자 기강이며 협동은 사정없이 토막으로 변하여 딩굴어야 하는 것인데 이를 인내로서 참고 견디기는 매우 어려울것 같다.

왜냐하면 본명의 마음속엔 丁火인 상관의 씨앗이 언제나 도사리고 있기 때문에 丁火인 상관은 庚金을 보면 꽃을본 나

비처럼 요동할게 확실하기 때문이다.

이는 평온하게 살아가는 마을에 날이 시퍼런 도끼를 메고 들어온 산적과도 같은 것인데 그 산적을 방어할 무기는 丁火밖에 없으니 甲木인 목욕은 앞뒤 판단을 못함으로 살펴볼 겨를없이 통장속에 묻어 뚸었던 丁火를 거침없이 빼낼게 확실하다.

그렇게 되면 丁火는 建祿의 庚金을 제왕으로 련금시키게 마련이므로 산적이자 편관은 더욱 기세가 등등하게 변할것이다.

이를 번복하여 설명하자면 丁火는 甲의 기능이자 상관이다. 상관은 화려한 인공의 꽃으로서 그 기능은 외부로 발휘 시키는 자동기와 같은 것인데 32세의 庚申 대운에 접어들게 되면 편재인 戊土가 庚을보고 조금도 에누리 없이 욕심이 동하게 되어있기 때문이요. 丁火는 庚을보고 회가 동하지 않을수가 없기 때문이다.

즉 어떤 十干이든 간에 식신 상관은 자동기와 같기 때문이다.

그래서 甲木을 戊土인 편재가 유혹을 더욱 하게 되어있으니 판단흐린 목욕의 甲木은 재물이 몇배로 증가 된다는데 움직이지 않을수가 없는것이다.

그것은 산적인 호랑이가 戊土인 편재를 미끼로 하여 던지는 유혹인지도 모르고 오직 돈에대한 욕심때문에 빠져만 들면 움직여 지기 시작하는 것인데 처음엔 별로 모를것이나 점점 일이 휘말림에 따라서 마음이 조급 해지고 마음의 요동이 발생함에 따라 더욱 욕망은 치솟게 마련이다.

그래서 할수없이 비상금인 저금통에 상관인 丁火까지 동원

시키지만 결과는 庚申인 편관만 살찌게 되는 것이다.

이런때 天干에 癸水인 정인만 있었다면 庚申이자 편관의 기질은 金生水로서 설기되고 水는 木으로 전달되어 회심의 미소를 지을수 있겠으나 水가 天干에 없어 庚金에게 金극木 을 당하게 되는 것이다.

이런때 의약은 정인이자 이해인 어진 마음으로 잊어 버리 는 길이 최선인데 이미 모든게 휘말린 상태인즉 이해와 끈기 와 노력은 헛수고가 된것이다.

그렇다면 처음부터 욕심을 辛金인 정관(절제, 욕심과 모든 마음의 기틀인 통제력)으로 눌렀어야만 하는것이다.

이와같이 인간은 자신이 마음먹기에 따라서 가지고 있는 부속품의 기량이 변화하며 작동하는 것인데 본명역시 결혼을 하게되면 언제나 부당하고 지나친 재물의 욕심은 버리고 어 질고 착한 현모양처(賢母良妻)가 되어야 할것이다.

본시가 편재를 사용하는 본명은 상관의 기질이 있으므로 비상한 창조력을 바탕으로 재물을 치부하려 할 것이나 그같 은 기질은 언제나 허무한 공허만을 생산할뿐 이득을 보지 못 할것만 깨달으면 되는 것이다.

어째서 그런 것인가? 비견은 언제나 재물을 좌우하며 욕 심을 충동하기 때문이다.

그러기에 그 비견을 관리 하자면 더욱 정관인 기강의 확립 이 절실하게 요구되는 것이 아닌가.

그런데 申酉戌 서쪽 방향의 대운에서는 마음속에 辛金인 정관과 교신하는 에너지의 상통으로 오직 남편만을 생각하고 정도를 갈것이나 巳午未 남쪽방향을 향하게 되면 자식이자 식신 상관이 성장하는 방향으로서 필경 마음속에 숨어있던 丁火이자 상관이 왕성하게 되어 활동을 하게 되므로 남편이자 정관인 辛金을 상관의 총알로 쏘아댈게 확실하여 辛金이자 정관인 남편을 무능자로 만들 염려가 다분하게 많은 것이다.

그렇게 되면 바로 자신의 마음속에 부속품이요, 정관이며, 기강이요, 법망을 스스로 허물어 버리는 결과가 되는 것이다.

그러면 관이없는 비견은 지휘자 없는 야생마로서 겁탈자로 모두 둔갑되는 것이다.

왜냐하면 현재는 목욕시절로 성장하는 과정이지만 40代가 지나면 甲木인 비견들도 함께 성장하고 성장함에 비례하여 수분도 함께 비례가 되어야 하는데 그렇게 되질 않는 것이다.

그러면 쓸데없는 수분의 손실을 막기 위하여 이때는 庚金인 도끼로 가지를 쳐내야 하는데 본명은 庚金인 도끼가 없고 辛金인 가위밖에 없으니 가위로서 굵은 甲木이자 비견의 가지를 통제하고 절단하며 통솔하기는 어려운 것이다.

가위는 어렸을때 모양내고 다듬고 할때 아버지가 필요하듯 반드시 필요 하지만 성장한 甲木의 비견은 가위로서 통제하기는 어려운 것이다.

그래서 더욱 상관인 丁火로서 불평불만으로 辛金인 정관을 쏘아대면 辛金은 변질되어 허물어 지고 지금까지 辛金에서 샘솟던 옹달샘은 무너지니 甲木의 편재인 戊土역시 水가 있어야(土는 水가 財血)버티고 살이 찔것인데 巳午未 방향에서 더운 열은 치솟고 열이 치솟음에 따라 수분인 정인은 증발되며 증발함에 따라서 상관인 丁火의 꽃은 자신을 비롯하여 비견들의 몸에서도 수없이 피어나게 되는 것이다.

이와같이 생명수요, 정인이며 끈기와 노력이요 인내인 물을 뽑아올려 헛꽃만 피어내니 입술은 타고 콩팥 신장이 약해지며 콩팥과 신장인 壬癸가 약해질수록 甲木의 간과담은 에너지 없는 가열을 생산하여 허화로서 火극金 하니 더욱 호흡기인 庚辛은 가빠지고 숨이 턱에 다며 정신은 더욱 이상 현상을 초래하게 되는 것이다. 본시 간담인 木은 金의 지배를 받아가며 木生火를 해야 마음의 평온을 찾는 법인데 오히려 金을 장대에 매달아 휘두르는 형국이 되었으니 남편을 휘두르고 법을 우습게 알며 아버지를 장대에 매달아 휘두르는 것과 무엇이 다른가 이는 필시 겁탈자로 둔갑함을 암시하고 있는 것이니 목적은 돈때문이 아닌가 ?

왜냐하면 己未 戊午 丁巳 대운엔 손에 들어오는 거금이니 필경 욕심이 동하기 때문인데 자신의 건강이자 노력이요, 인내인 정인 정관을 발동시켜 물리쳐야 하거늘 그렇치 못하면 지금까지의 설명은 100% 작용할 것이므로 옛날에 그야말로 양처럼 순하던 마음은 모두 흔적없이 사라지고 무서운 호랑이로 변한 옛 유행가를 따라가야 하는것이다.

그렇기에 본명은 마음속의 정관으로 마음의 기강과 마음의 통제를 일층더 인수인 노력으로 북돋아야 함을 지장간의 戌 속에 辛金들이 암시 해주고 있는 것이다.

만약에 자신의 통제력을 조금이라도 늦추게 되면 辛金들은 모두 편관으로 변질되어 동서남북 가는 곳곳에 유혹을 물리칠수 없게 되는것인즉 이는 스스로 자멸하는 것이다.

물론 본명의 옹달샘인 정인의 기질은 그것을 용납할리 없지만 재물앞에 약한것은 인수이며 또한 본명의 네기둥 때문 이다.

즉 비견들이 떼를 지어 있으니 남편의 독점은 어렵지 않 겠는가 또한 그렇기에 사방에서 유혹이 오지않는가 내가 子 에서 태어나고 같은 부속품인 비견늘도 子에서 같이 나왔으 니 어느누가 남편의 독점을 허용 하겠으며 남편 또한 모양과 모습과 언행이 똑같은 비견들이 동서에 있으니 어느누가 진 짜인지 분별할수 있겠는가? 본명의 가장 뼈아픈 약점이기 도 하다.

그러나 방법은 있다. 위에서의 설명한것과 같이 辛金인 자 신의 통제력을 높여 허욕을 버리면 현모양처가 아닌가.

그 현모양처를 멀리할 남편은 과연 어떤 인물일까 음식점 의 요리맛과 환경은 높이지 않고 손님이 올때를 기다리면 손 님이 오겠으며 간판의 이름을 바꾼다 하여 손님이 올것인가 손님은 간판보다 음식맛과 환경에 좌우됨이 필연적일 것이 다.

그와같이 이름석자 바꾸는것 보다 내면의 마음에 충실하길 힘써야 할것이다.

(5題)　　　　　　　　乾命

寅卯　癸 甲 庚 丙　　17才
(空亡)　酉 辰 寅 午

庚 乙 戊 丙
癸 丙
辛 戊 甲 丁

57 47 37 27 17 7
丙 乙 甲 癸 壬 辛
申 未 午 巳 辰 卯

寅月의 甲木으로 건록이니 身이 왕성하다. 더욱 화려하게 돋보이는 것은 寅午가 半合을 형성하여 甲木의 식신이자 기량인 丙火의 역량을 도모하고 있으니 화려하다.

그런데 아쉬운 것은 왕성한 甲木이 타고다니는 호랑이이자 庚金인 편관이 寅月엔 絶로서 연약하기 때문에 아쉬운 것이다.

이는 예를 들자면 甲木은 건록으로 왕성한데 용기이자 명예며 직위요, 벼슬이며, 관인 호랑이가 새끼 호랑이로 격에 맞지 않는 것이다.

다시말해 어른은 중절모가 제격인데 어린이 운동모를 쓰고 있어 품위가 없음을 말해주는 뜻과 같은 것이다.

그런데 식신인 丙火가 그 호랑이를 훈련 시키려 하고 있으니 이제 태어난 새끼 호랑이를 훈련 시키려 하는것과 똑같은 것이다.

이제 어린 호랑이를 보호하며 육성 시켜야 하는데 벌써부터 압력을 넣어가며 교련 시키려 하는 이유는 무엇인가 만약에 그렇게 된다면 용기를 꺾어놓는 것과 똑같은 것이다.

사람은 기백이 있어야 하는데 그 기백마저 꺾는다면 용기가 없고 풀이없어 힘이 없는것이다.

즉 甲木이 건록이면 어린 나무가 아닌 성숙한 木인 때문에 전지 (대들보로 쓰자면 가지를 치고 모양을 다듬는 형태) 해야 하는데 유약한 절지의 庚은 적은 가위와 같은 형태이니 굵은 가지를 쳐줄 수가 없는 것이다.

그래서 庚을 키워야 하는데 오히려 식신이 庚을 못쓰게 만들고 있는 형국이다.

그러면 식신인 丙火의 기운을 다른곳으로 유도해야 하는데 기왕에 유도시킬 바엔 일거양득을 택해야하니 정재인 己土를 중간에 넣어 버리면 火의 기운이 土로 설기되며 설기된 기운을 土가 흡수하여 庚金에게 전해주면 庚은 살찌고 살찐 庚의 용기로 甲木은 다듬어 지니 대들보로서 기둥감이 되는것이다.

그러면 본명의 마음속엔 戊土인 편재밖에 없으니 信은 信이나 편재의 信으로서 수완 능변을 암시하니 己土인 정재를 사용해야 한다.

己土는 정재로서 같은 信이지만 正信이 아닌가 戊土는 편법의 信이니 가식으로 아름답고 화려하게 꾸며진 마음이요, 正信은 마음깊이 꾸밈없이 자연스럽고 정직하며 근면과 성실을 상징하는 것으로 戊土를 己土인 정재로 변질시켜야 하는 것이다.

土인 믿음의 뿌리가 없다면 사용하기 어려울 것이나 뿌리가 있으므로 식신인 원만을 끈기있게 사용하면 식신은 자동기로서 戊土를 자동적으로 己土로 변질시켜 생산하게 되는 것이다.

그와같이 정재는 부지런과 믿음과 성실과 근면을 요구하니 그 정재를 생활의 신조로만 삼으면 만사가 형통이며 金인 義도 높여야 한다.

왜냐하면 식신은 꽃이요(木生火로서 甲木에서 꽃이 활짝 피어있는 형상) 식신의 열매는 土이니 화려한 꽃과같이 열매도 화려해야만 정비례가 되기 때문이며 더욱 甲木은 己土가 정재요, 보금자리로 그곳에 뿌리를 내려야만 필히 안전하기 때문이다.

그와같이 모든 일에는 합법적 절차와 정당한 임금을 원하고 받아야 할 것인즉 부당한 욕심은 금물로 삼아야 하고 모양적인 가식의 화려한 생산보다 품질 향상에 정진하고 노력해야 함으로 본명은 생산적 계통에 주력 하게되면 더욱 빛나는 발전이 기대되는 것이다.

아울러 앞으로 진행하는 행로는 巳午未 남쪽 방향의 코스를 바라보고 있으니 식신 상관으로서 더욱 의욕적인 활동을 하게 될 것으로 정재의 믿음인 土는 절실하게 요구된다.

또한 본명이 생산 계통에 주력 해야할 커다란 이유는 타의 추종을 불허하는 치밀한 건록의 계획과 辰을 통하여 공급되는 癸이자 정인의 지혜는 天生水로서 인공적인 노력에 의하여 짜내는 지혜가 아니라 선천적으로 생산되는 두뇌의 작용 때문이며 그렇기에 본명의 의욕적 생산 활동은 더욱더 기대되는 것인데 사회와 국가의 이익에 이바지 할것이 명백하기 때문이다.

다만 남쪽 방향으로 진로가 바뀌면 열기에 의하여 수분이 고갈될까 염려이나 믿음인 정재의 己土만(己土는 습토) 지키고 사용하면 오행은 골고루 점화가 되어 서로가 협동으로 유통되기 때문에 만사가 형통이라 하는 것이다.

※ 寅月은 甲木이나 乙木이 왕성한 계절로 庚金 辛金은 제구실을 갖지 못하여 적은 악세사리와 같은 것으로 木이 金을 자유자재로 다루는 직업이란 무엇인가 또한 己土를 전제로 하였으니 컴퓨터, 전자, 방송계통의 기술자가 분명하지 않을까.

子丑 戊 辛 戊 壬   41才
(空亡) 戊 酉 申 午

金 局	丙
	丁

70 60 50 40 30 20 10
辛 壬 癸 甲 乙 丙 丁
丑 寅 卯 辰 巳 午 未

申月의 辛金으로 月支가 제왕 日支가 건록 時支가 관대이
며 申酉戌 方局이자 金局을 형성 하였으니 말이 여자일뿐 남
자보다 왕성하다.

더우기 본명은 건록 제왕으로 身이 왕성하여 정인이자 생
모인 戊土가 더없이 원망스럽기만 하다. 다시말해 건록 제왕
이란 天下를 지휘해야 하는 통치자 인데 생모이자 정인이요
인수인 戊土가 하나도 아닌 둘씩이나 辛의 목덜미를잡고 배
불러 못먹는 음식을 억지와 강제로 먹이고 있는 형상과 같
은 것인데 어째서 저렇게 왕성한 辛金을 하나도 아닌 戊土가
떼를지어 찍어 누르며 덮으려 하고 있느냐다. 거기에는 필시
곡절이 있는게 분명한데 무슨 이유인지는 모르지만 참으라는
게 분명하다.

참고 견디고 인내하고 노력하고 이해하고 둥글고 원만하라
는 이유가 분명한 것이다.

왜냐하면 壬水이자 상관을 辛金은 가장 좋아한다. 더우기
7月의 알찬 과일로서 냉장고가 없으면 과일은 부패되어 무
용지물로 변할게 틀림 없으니 辛인 과일의 입장으로 보면 자
신의 상품을 값있게 하고저 壬이자 상관인 냉장고를 택할수

밖에 없는 것이다.

그렇다면 그 냉장고는 상관이 아닌가 상관은 정관을 무용지물로 만들어 버리는 총알로서 본명의 정관이자 남편은 무능하게 변질될게 아닌가 (냉장고와 난로는 상극) 그런데 辛金의 입장으로 볼땐 壬水인 상관이 훨씬 유리하고 좋은 것이기 때문에 상관인 냉장고를 택하는 것인데 정관이자 丙이요. 남편으로서는 상관인 총알이 더없이 원망스러운 것이다.

그 이유는 만약에 辛金이 허약했다면 상관을 사용해도 허약한 상관이기에 별로 관계가 없겠지만 7月의 辛金이자 건록 제왕이며 金의 방국까지 형성한 辛金의 입장에서 쏟아지는 壬水인 불평불만은 정관인 허약한 남편이 맞을때 너무도 타격이 큰 것이다.

어째서 남편이 허약하게 된 것인가는 辛金의 정관은 丙火요, 편관은 丁火인데 申에 중량을 달아보면 정관은 病이요, 편관은 沐浴이 된다.

그러면 본명인 辛은 왕성하고 남편은 허약하니 여자인 본명의 입장에서 불평불만이자 상관을 사용하지 않을래야 않을수가 없지않은가 즉 내가 왕성한 제왕이면 남편도 왕성한 제왕이래야 마음에 만족을 찾을것인데 남편은 허약하고 나는 왕성하니 여자로서는 당연히 불평과 불만이 많을수 밖에 없지 않은가 만약에 본명이 그같은 사실을 피부적으로 알고 느꼈다면 마음을 고칠 것인데 이와같은 자연의 사실을 깨달을수가 없는 관계로 날로 비관적인 마음만 쌓이게 되고 허무하고 울적하여 차라리 모든것을 잊어버리고 정리하려고 노력하지만 뜻대로 되지를 않는다.

그래서 더욱 상관인 불평을 하는것인데 이와같은 상관이 쏟아지는데는 더욱 커다란 이유가 있다.

즉 金이 지나칠 정도로 왕성하기 때문에 甲乙木이자 생기이며 간과 담이 절대로서 너무도 허약한 것이다.

간이 제대로 작용하지 못하고 있어 불꽃인 火의 심장이 더욱 허약하게 움직이는 것이니 성격은 참을수 없이 분노가 많고 간이 약하여 게으르며 간이 약하여 잠을 많이 청하고 그러다 보니 심장은 더욱 요동하며 그럴수록 가슴과 속은 답답한 것이다.

거기에 戊土가 중중하여 火인 심장의 기운을 설기하나 火인 심장이 火生土를 해주지 못하여 戊土인 비위역시 화를 잘 내어 소화가 안되며 비위장이 약한것이다.

그렇기 때문에 소화에서 부터 시작하여 모든 5장 6부의 기능이 제대로 작동하지 못하는 것이며 그 각개의 기능들이 제대로 작용하지 못함에 따라 자신의 신체기능이 자체에서 열을 생산하지 못하여 몸에서 더운 에너지가 발산되지 못하고 金이자 陰이며 냉기만을 풍기고 있으니 사람이자 생명이요, 甲乙木이 접근하지 못하는 것인데 한대의 자동차를 보자.

시동만 걸어주면 자체가 스스로 모든것을 자발적으로 생산하여 움직이고 있다.

그러면 사람은 앉아서 운전만 하면 되는것인데 차는 사람이 가고싶은데로 몰고간다. 오직 운전사에 종속되었기 때문인데 그렇다면 사람은 운전사요, 5장 6부는 차량과 무엇이 다른가.

자신이 가지고 있는 5장 6부의 기능은 자신이 마음먹기

에 따라서 움직이지 않는가, 시동을 끄면 차는 멈추고 시동을
걸면 차는 움직인다.

그와같이 본명도 자신의 함정을 자신이 스스로 파고 있는
것과 같은것이다.

즉 자신의 마음을 더운 열기로 가열시켜야 한다.

그러자면 첫째 상관을 사용하면 안된다. 흑과 백이 분명한
것은 좋으나 누가 들어도 金生水인 상관이다. 상관 중에도 건
록 제왕에서 쏟아지는 상관인즉 높고 높은 절벽에서 쏟아지는
폭포수와 똑같은 것으로 떨어지는 물의 압력은 폭음으로 변
하며 물줄기는 사면으로 흩어지니 그러한 물로서 어찌 흑백을
가리는가.

물은 조용히 흘러야 시비는 가려지는데 떨어지는 물줄기로
시비를 가리자니 시비가 분명히 벌어진다.

왜냐하면 높은 절벽에서 떨어지는 폭포수는 무더운 여름 철
에도 맞기가 힘들터인데 가을도 깊은 七月의 폭포수는 어느
누가 맞으려 하겠는가, 그렇기에 누구와 대화를 하건 상대를
하건 간에 앞뒤가 분명한 시와 비를 가리고자만 한다면 틀림
없이 다툼은 발생되는 것이다.

그렇다면 피하는길은 간단하지 않은가 ? 둥근 마음으로 이
해하고 웃어버리면 되는데 상관으로서 관을 쏘는 총알로서 어
찌 원만이 쉽겠는가 ? 그러나 壬水인 상관을 癸이자 식신인
원만한 성격으로 둔갑 시켜야만 한다.

왜냐하면 壬은 상관으로 인공이지만 癸는 식신으로 자연이

다.

인공으로 자연을 만들자면 수없는 노력과 인내와 끈기와 자본이 동원되어야만 하는것으로 의약과 노력과 인내와 끈기로 식신인 원만하고 둥글고 참는 성격으로 바꾼다면 간의 작용력은 좋아지고 木이 살아나면 火인 심장도 따라서 살아나는 것인즉 그때야 건강은 좋아지며 건강이 좋아짐에 자신의 모든 생활이나 여건은 시원하게 풀어지는 것이다.

모타가 돌아가야 전력은 생성되어 그에서 얻어지는 에너지로 또한 모타가 돌아가는 것인데 자신의 모타기능은 돌리지 않고 그 무겁고 육중하고 거창한 건록 제왕의 기능을 누구에게 의지하여 돌리려 한다면 그 발전기는 영원히 돌리지 못하는 것이다.

자신의 마음을 자신이 돌리지 못한다면 누가 돌릴수 있단 말인가 ! 만약에 身이 약하다면 필히 도와주는 사람이 있어 돌려주지만 건록 제왕으로서 언덕 꼭대기 상상봉에 올라앉은 최고의 기능을 밑에서 올라가는 장생 목욕이나 내려가는 쇠 병사등이 돌려줄 수는 절대로 없으며 또한 그렇기에 건록 제왕이 아닌가 !

그렇다면 누구를 의지해서는 절대로 안되는 것이다. 그런데 다행하게 된것은 40대가 접어든 甲辰 대운의 행로에서 甲이 나타 남으로 이제까지 고심하던 문제는 풀어지게 되었는데 壬을 癸水인 식신이자 원만이며 둥글고 너그러운 마음으로 바꾸는 조건에서 甲이 필요한 것이다.

왜냐하면 甲은 생기요 정재로서 근면과 성실을 원하고 바라기 때문이다.

그런데 辛은 과일로서 과일엔 생기를 주면 싹이나와 과일로서의 가치는 상실하게 마련이므로 辛은 절대로 자체가 가지고 있는 에너지인 癸水를 내놓으려 하지 않는것인데 좀더 세밀하게 살피자면 甲木은 壬水를 싫어하며 정인인 癸水를 좋아한다.

그러면 대운은 사령탑으로서 어쩔 수 없이 壬을 癸水로 바꾸어 대접해야만 하는것인데 辛은 甲의 정재를 초청한 상태이기 때문이다.

초청을 받은 고객과 불청객의 입장은 삼척 동자도 알수있는 사실이므로 辛의 입장에서 甲의 요구를 안들어 줄수가 없으니 甲에게 냉기이자 편인을 맡겨줄 수는 없고 하는수 없이 辛金이자 과일을 壬인 냉장고에서 꺼내어 癸水로 요리한 癸水의 정인을 주어야 하는 것이다.

좀더 정리하자면 대운의 甲辰이란 정재로서 정재는 근면성실을 상징하기 때문에 근면하고 부지런 하며 성실하게 움직여 식신인 원만을 달라고 암시하고 있는 것으로 보아야 한다.

사실 본명의 지장간인 마음속에 근면 성실을 상징하는 정재 편재가 눈씻고 찾으려 해도 없다. 그 근면 성실은 관의 거름인데 지금까지 근면과 성실을 무시해 버렸으니 관이 살아날수 없었던 것인즉 이는 남편을 남편아닌 동생이나 수하사람처럼 생각했다는 증거가 되는 것이다.

왜냐하면 金이 왕성하기 때문에 자기 외에는 사람이 없는 것이다.

관이 病이라 함은 자신의 마음 속에 질서이자 법도요, 정상이며 정도인데 그 관의 기강이 약한 관계로 국방없는 무기력한 국가로 스스로 자처해서 만들어 버린 결과가 된것으로 그 속에 날뛰고 춤출것은 겁탈자와 도둑떼들 뿐인데 그들이 춤추고 날뜀에 따라 마음은 조급하고 돈에 대한 욕심은 더욱 치솟아 그럴때 마다 상관인 壬水로 水극火를 하니 자신이 자처해서 관을 허물어 버린 결과가 아니고 무엇인가.

관을 단번에 살리는 방법은 결코 없는 것이다. 관인 기강이 세워 지려면 기초인 근면 성실이 있어야 하는데 본명의 마음 속엔 金局 뿐이요 午밑에 丙丁뿐이다.

그 丙丁은 있어도 사용하지 못한 원인이 바로 상관을 상관 그대로 사용했기 때문이 아닌가 !

상관을 고쳐서 식신인 癸水로 바꾸면(둥글고 원만한 마음) 간과 담의 작용은 좋아지고 심장도 좋아지니 육신인 차체는 움직이고 움직임에 의하여 행복은 찾아오는 법인데 방국이요, 통하지 않는 아집으로 마음을 통하지 못하여 모든 생활의 여건은 막히고 막힘에 따라 더욱 정관을 쏘는 상관을 사용하여 더욱더 스스로 현재까지 고생을 자처해서 하게 되었던 것이다.

물론 30세의 대운에서 乙木인 편재가 왔지만 건록 제왕인 최고의 책임자가 수완과 재치와 임기응변을 한다면 그밑에 수하들은 어떻게 되겠는가 ? 그런데 본명이 망각내지 오판하게 된것은 7月의 辛金인 열매이자, 과일로서 이제는 완생 되었기 때문에 모체인 甲乙木이 필요없다는 생각을 하게된데 그 동기와 원인이 있어 커다란 실수가 있었으니 오직 돈에 대한 욕망의 욕심 때문이었다.

그도 그렇게 열매의 입장을 보면 열매속에 들어있는 에너지는 자신이 가지고 있는것으로 어느 누구에게도 주고싶지 않을게 아닌가.

그는 오직 순수한 金의 방국이 원인이다.

만약에 巳酉丑으로 묶인 三合이었다면 문제는 달라졌을 것이다.

그와같이 三合과 방국의 차이는 유통과 막힘의 차이가 현저한 것으로 삼라만상의 이치는 더욱 구체적으로 느낄 수 있는 것인데 본명의 정인이자 戊土가 어째서 양 어깨를 누르고 있는가는 바로 그런것으로 풀이할 수 있는 것이다.

다시 말해 土가 바라는 것은 木임으로 金이 왕성한 본명에게 알려줄 수 있는것은 욕심을 버리고 네가 가진 열매의 에너지를 순서대로 풀어주라는 이유 때문에 억지로 먹이고 있으니 정인 그대로 참고, 견디고, 노력해야 한다.

만일 먹지 않는다면 배출이 안되니 土로서는 최선의 힘을 다하는 것으로 辛金은 깊이 깨닫고 욕심의 문을 열어야만 자신이 가지고 있는 5장 6부의 기능은 활발하게 신진대사를 하게 되는 것이다.

그래서 욕심은 깨쓰를 생산하고 이해와 원만은 소통과 유통으로 생기를 생산하게 되는 것인데 흐르는 물도 가둬두면 썩고 흘려 보내면 새로운 물이 솟아나듯 은행에서 모든 돈을 거두어 두면 사회의 유통은 막히지 않는가 ?

그와같이 당신의 마음도 활짝 열어야 당신 자신이 유통할 수 있는 것이다.

辰 甲 戊 丙 丙　　　坤命
巳 寅 戌 申 辰　　　67才

空　| 戊 辛 戊 乙 |　77 67 57 47 37 27 17 7
亡　| 丙 丁 壬 癸 |　戊 己 庚 辛 壬 癸 甲 乙
　　| 甲 戊 庚 戊 |　子 丑 寅 卯 辰 巳 午 未

申(7月)의 戊土로 출생한 본명은 총알처럼 빠른 편관과 편관을 현혹하고 유도하며 편관의 기를 약화시키는 편인을 하나도 아닌 둘씩 거느리고 있는데, 지장간인 마음속을 먼저 살펴보니 戊土인 비견들이 인산 인해를 이루고 있다.

무엇때문에 그렇게 모였는지 이해하기 곤란하여 재물의 형편을 살펴보니 아니나 다를까 인심이 후한집은 아닌게 분명하여 빚 받으러 구름처럼 사방에서 모여들었으니 비견아닌 겁재의 무리가 된것이다.

연유를 물어보자면 본명이 출생한 7月(金이 왕성한 계절)인데 本命인 戊土의 식신 상관월이 된다.

그러면 가을이란 계절은 오곡이 무르익어 동서남북 어느 곳을 가보아도 인심은 후한데, 본명의 인심은 어째서 이리도 야박한지 모르겠다는 것이다.

이유인즉 본명은 7月의 金이 왕성한 계절에 출생한 관계로 甲乙木이자 정관편관이 허약하다.

그런데 本命인 자신이 戊土인 태산으로 자신을 더욱. 木극土를 하며 자신을 더욱 자각하고 다듬어야 함에도 불구하고 木生火를 하고 있으니 유혹에 쉽게 휘말리는 것이다.

그 유혹에 휘말리지 않으려면, 자신을 돌이켜 보고 반성하며 생각하고 절제하며 자신을 더욱 가다듬어야 하는데 통제와 절제는 고사하고 달콤하고 꿀맛같은, 편인의 애교에 휘청거리고 있어 앞을 내다보는 눈이 어두어진 것이다.

당장 코앞에 진상만을 좋아하니 그를 유혹하기란 식은밥 먹기가 아닌가 더욱 戊土가 하나도 아니요, 겹겹이 둘러 쌓였음에도 불구하고 자신을 다듬고 자신을 반성하는 木극土는 커녕 木生火만 하고 있으니 이는 사면에서 손님인 비견을 초대하여 놓고 혼자만 음식을 살짝 먹어버리는 형국과 무엇이 다르며 그같은 야비한, 인물을 좋아할 위인은 누구란 말인가 처음에 초대받은 비견들은 사람이 재치가 있고 애교가 있어 그런대로 쓸만하다고 생각하여 서로 도와가며 살자고 마음을 합치려고 왔으면 콩이 하나면 하나로서 있는 그대로 툭 터놓고 대화하며 대접한다면, 사람은 누구나 정이 통하고 더운피가 흐르거늘 그를 실타하고 대접이 엉망이란 말은 안하고 못하는 것인데, 손님을 무시하기보다 대접을 하게되면, 살림의 구멍이 생기는게 두렵고 아까워 혼자만 슬쩍했으니 이제는 더볼께 없다는 이유가 타당하지 않은가 어째서 이러한 이론이 성립되는가 하면, 본명이 걸어온 방향을 보면 알수있으니 巳午未 남쪽 방향은 무더운 열의 고장으로 水가 증발되지 않는가 水는 戊己土의 정재 편재이며 戊己土의 피이자 血이다.

그러면 戊土인 本命이 자신의 血인 피가 증발되어 없어지는 것을 과연 묵과하고 감수할수 있었을까 하는것을 丙火가 증명하고 있는 것이다.

巳午未의 방향은 丙火가 더욱 살찌고 왕성해지는 계절로서

木을 필요로 하며 金을 요구 할것인데, 丙火가 하나도 아닌 둘씩 나타나 그러지 않아도 힘이없는 간의 작용을 몇배로 설기하고 있으니 관이자 木이요, 법이며 절제와 통제기관인 간의 작용은 질서를 상실하고 유혹하는대로 춤을 추고 있으니 무엇을 의미하는가 즉 관이란 남자요, 편인이란 애교다.

그러면 남자를 유혹하는 장소는 말할 필요도 없는 것이다.

더욱 세밀한것은 17세되는 대운에서 편관인 호랑이가 나타났으니 그 호랑이를 유혹하는 편인이 둘씩있어 그를 나꿔채고 유혹하기는 하루아침이다.

또한 巳午未를 벗어나 寅卯辰 木의 방향을 지나왔으니 편인의 기질은 더욱 기승을 부리게 되지 않았던가 그러면 편인이란 무엇이며 어떤 성능을 지니고 있는지에 관해서는 정인편인에 이미 설명이 되었으니 생략하기로 한다.

그와같이 편인이란 재치와 애교와 눈치에는 누구도 따라갈수 없을 정도로 비상한 기능을 갖추고 있다.

그런데 여기서 한가지 주의해야 할점은 편인이 있다해서 다 그런것은 아니다.

환경의 변화에 따라 다른것인데 서모라 해서 모두 식은밥만 주는것은 아니기 때문이다.

서모도 서모 나름인데, 그것은 서모의 마음에 따라 다르듯 사람에 따라 다른것이니 자신의 마음에 따라서 달라지기 때문이다.

本命인 戊土역시 庚金이자 둥글고 원만한 식신을 사용했다면, 문제는 다르다.

즉 식신처럼 자연적이고 순리적인 원만한 마음을 사용했다면,

사람이 둥글고 원만하며 진실한데 서로가 화합하며 서로가 엉키어 살아가지 않을 사람이 있겠는가 그는 스스로 협동의 대열에서 질서를 지키는데 그 질서의 유통을 막을자는 세상아닌 자연에도 찾아볼 수 없는 것이며 인심은 天心이란 속담의 진언은 결코 헛된말이 아니기 때문이다.

그러면 본명이 식신인 원만의 마음을 사용하지 않았다는 증거는 무엇인가 하는게 문제인데, 그 증거로서 辰戌을 증언대에 올려놓으면 재판은 끝난것이다.

본시 식신이 있어도 식신을 제대로 사용하기 힘든것인데, 야비하고 인색하기로 소문난 편인을 하나도 아니요, 둘씩 가지고 있는 본명으로서 더우기 辰戌까지 동원 시켰으니 그의 마음은 어지러울 정도가 된것이다.

그런데 만약에 본명이 식신을 사용했다면 식신인 庚金은 金生水로서 열매속에서 에너지인 물이 나오듯 水가 흘러나와 甲木에 전해지고 木은火 火는土 土는金으로 다시 전달되어 유통의 흐름이 자연스럽고 질서적이였을 것으로 자식이자 식신상관의 열매도 출생 되었을 것인데 본인의 돈만아는 인색함이 자식의 장래를 망쳐놓듯 자식을 생산하지 못한 것이다.

이는 자신의 기능을 스스로 자멸시킨 결과가 아니고 무엇이겠는가 물론 어느 혹자의 입장으로 볼때 그러면 자식을 출산하지 못하는 사람도 마음만 둥글게 쓰면 자식을 생산할 수 있다는 말인가 하고, 힐책할 수 있겠으나 그것은 다르다.

또한 냉철하게 생각 하자면, 내자식만 자식인가 하는거다.

내가 생산 해야만 내자식이란 말은 틀림없으나 옛날의 소파 방정환 선생을 찾아보자 그분에겐 자기의 자식만이 내자식이 아니였음을 증명하고 남지 않았는가.

그렇기에 편인이 있는 사람은 남의 자식도 내자식과 똑같이 아니 더욱 사랑하고 이끌어 줄때 그 편인의 단점은 식신으로 둔갑되어 만인의 값있고 뜻깊은 사랑을 남보다도 더 곱배기로 독차지 하는 유익한 잇점도 있는 것인데, 본명은 야비하고 인색한 편인의 기질을 그대로 사용 함으로서 남이 잘되는 것은 도저히 배아파 견디지 못하며, 약삭빠른 눈치와 재치로 관을 유혹하며 살아온 허무한 일생으로서 뼈아픈 시련을 겪었던 것이다.

그는 오직 자기 한입 먹기가 바빴고 남을 헐뜯고 눈치보기에 바빴을 뿐 올바른 인생을 살아보지 못했으니, 누구를 위하고 무엇을 위하여 살았는지 이해할 수 없으나 그와같은 자신의 일생을 만인에게 보여줌으로서 그를 보고 느끼고 깨달은 사람들의 스승이었으니 본명은 그것을 보람으로 삼아야 할 것 같다.

(8題)

乾命
41才

戊	乙	己	癸	壬
亥	丑	巳	丑	午

(空亡)

癸	戊	癸	丙
辛	庚	辛	
己	丙	己	丁

68	58	48	38	28	18	8
庚	己	戊	丁	丙	乙	甲
申	未	午	巳	辰	卯	寅

丑月의 凍結(동결)된 己土인 농토로서 壬癸의 대설(大雪)은 쏟아져 유일한 숨통이자 용기이며 七殺이요, 偏官마저 사용

할 수가 없다(본시 다른 十干들은 편관이자 七殺을 만나면 왕성한 氣者외에는 거의가 피해를 당하지만 戊己土(산·들·밭·논) 많은 甲乙木이정, 편관이지만 호미나 쟁기나 곡식으로서 절대로 필요하고 반겨하며 또 필히 있어야만 윤택한 기름이 흐르니 숨통인 것이다) 그런데 본명은 己土인 농토로서 乙木인 연장도 있으나 땅이얼어 사용할수가 없다.

초년 대운의 행로에 甲寅 乙卯를 거치는 동안 파란만장의 우여곡절도 많았을 것이다.

얼어붙은 땅을 파 헤치려고 왕성한 甲寅 乙卯의 호미와 쟁기까지 동원 시켰으나 헛공사 헛투자 헛수고가 필연 이였으니 말이다.

더욱 壬癸를 본 甲乙木은 기세가 등등하여 농토를 갈아보려고 애를 썼지만 그때마다 실패의 연속이었고 결과는 허무와 비관만 생산되었을 뿐이다.

그럴수록 칠살이자 편관인 乙木의 영웅은 울분을 참지못하여 주색을 가까이 하게 되었고 주색을 가까이 할수록 매사는 점점 비틀려만 가니 죽고싶은 심정만 곱배기로 증산된게 확실하다.

어째서 그러냐 하면 모든 사람들이 그러하듯 본명도 예외는 아니다.

즉 乙木이란, 本命의 己土엔 七殺이자 편관인데, 乙木이 뿌리가 없다.

물론 壬癸水는 乙木의 정인 편인으로 밑거름은 될 수 있으나 뿌리와는 다르다.

乙木이 땅속에 甲乙木인 뿌리가 있어야만 뿌리있는 편관인데, 乙木 자체가 허공에 떠있는 상태로서 호랑이는 호랑이인데, 종이 호랑이와도 같은 형상이 아닌가 입으로는 천하를 휘두르지만 깊이없이 나오는 대로 휘두르기 때문에 모두가 불발이요, 모두가 공포 뿐이다.

거기에 壬癸까지 水生木으로 구미를 돋아주어 더욱 대포소리는 요란하기만 하다.

왜냐하면 이유는 간단하다.

걸어온 행로를 보면 어려서 寅卯의 동쪽 방향을 걸어왔으니 얼은땅의 木극土로서 제대로 학식을 갖추지 못했기 때문이다.

학식을 갖추자면 인수 방향을 만나야만 학식을 갖추게 되는 것으로 巳午未 남쪽방향을 어려서 만났어야 火生土가 되어 지식을 흡수하게 되는 것인데, 寅卯이자 정관편관인 언덕 꼭대기 부터 걸어왔으니 눈보라인 壬癸가 휘날리는 언덕에서 어린 생명이 추위에 견디기도 힘들 터인즉 공부를 할 수 있었겠는가는 상식적으로 판단해도 알고 남음이 있지않은가 그러면 年과 月에있는 壬癸는 무엇을 의미하는지 또한 정확하게 살필수 있는 것이다.

다시말해 年은 父요, 月은 母다.

그러면 年과月에 눈보라가 덩어리가 되어 내려오고 있으니 부모의 작용력과 환경은 한눈에 보이는 것으로 본명인 己土는 결울땅 그대로 의식주의 구조가 궁핍했으며 그럴때 마다 뿌리없는 편관은 바람앞에 촛불인 풍전등화 격으로 바람에 휘날려 동분서주 했을 것으로 더욱 고행의 길을 걸었으니 얼마나 악전고투의 연속이었겠는가, 좀더 세밀하게 살펴보자면, 己土에겐 壬癸水가 정재편재인데 丑월인 12月 땅은 습토인 관계로 땅의 수분인 영양은 욕심을 부리지 않아도 누구보다 많은량을 자체가 보유하고 있다.

그런데 지장간(마음속)을 들여다 보면 癸水인 편재가 깊숙하게 着根(착근) 하고 있다.

그러면 12月의 강풍이요, 눈보라가 가뜩이나 원망스러운 처지에 마음속의 또 癸水인 편재의 뿌리가 박혀있는 이유는 무엇인가 그것은 한마디로 성실하지 못한 증거가 되는 것이다.

그와같이 본명은 먹지도 잡지도 못할 허공에 떠있는 편재이자 편법인 뜬구름 잡으러 동분서주 하고있음을 여실히 말해주고 있는게 아닌가 가뜩이나 춥고 얼어서 농토를 사용하지 못하는 이판에 뜬구름을 휘여잡아 어쩌겠다는 말인가 더욱 사면이 초가로서 모든일의 막힘을 스스로 불러들이고 있는 것인즉, 수단과 재치와 능변과(칠살은 능변 지나치게 편관이 강하면 말이 없는수가 많음(공포에 질린형상)) 허세와 가식과 술수에 능한 것으로 자신이 생각 할때는 비상하고 수완능력이 있고 재주가 철철 넘치는것 같지만 그것은 모두가 자멸만 곱배기로 증식된다는 사실을 본명은 깨닫지 못하고 있는 것이다.

물론 알고있다 해도 겉잡지를 못한다.

왜냐하면 마음의 정관이자 기강인 甲木이 없고 허공에 떠있는 호랑이 같은 편관이 독촉하고 있기 때문이다

그것은 마치 바람을 엎은 불길과도 같이 잡지를 못하는 것으로 이리뛰고 저리뛰는 형상과 똑같은 것이다.

즉 관이란, 기둥과 똑같은 것인데, 마음속 깊은곳에 甲乙木이자 관인 기둥이 없으니 한곳에 정착을 못하고 바람에 흔들리며 구름에 떠가는 것으로서, 직장생활을 할 수 없고 설령 직장생활을 한다해도 동료나 상사에게 편관인 기질을 그대로 발사

함으로 주위의 미움을 독차지 하게되어 더욱 한곳에 머물지 못하는 것이다.

그런데도 본인은 계속 편관의 칼을 휘두르며 동서남북을 방황하니 황야의 무법자와도 같은 형상이다.

그러나 범법행위는 하지 않는게 확실하다.

왜냐하면 마음속에 어질고 착한 인수와 식신이요, 원만인 등근모양이 있기 때문에 비록 냉혹하고 가시같은 말을 토해낼 지언정 하고나면 후회하고, 그 일에 대한 자신의 자각을 날이 자고 해가 바뀔수록 점점 느끼기 때문이다.

또한 본질은 그러하지 않은데, 어째서 식신인 원만이 편재로 둔갑되는가 하면 어질고 착한 丙火의 마음이 辛金인 식신에게 전달되면 식신인 辛에서 癸水인 편재로 둔갑되어 곧바로 天干의 癸水에게 전달되기 때문에 재주아닌 눈바람으로 변하는 것인데, 이는 무엇을 말함인가 하면 돈을 생각하기 때문이다.

돈이란 陰으로서 냉혹한 찬바람과 같은 것이다.

그러면 丑月의 己土로서 자체가 보유하고 있는 수분만 해도 처치가 곤란인데 어째서 또 욕심을 부리고 있느냐 하는 거다.

그러면 욕심이자 재간이며, 뜬 구름이요, 눈보라인 편재는 둥글고 원만한 식신에서 얼음과 같은 냉기로 변하는 것이다.

좀더 설명하자면 식신은 자연 현상인데, 마음속에 돈의 욕심으로 인하여 찬바람이 생산되어 쏟아져 나와 결과는 己土인 자신을 얼음으로 동결시키며 뿌리없는 호랑이에 헛바람만 불어넣어 주는 결과만을 초래하고 있지 않은가 그것을 깨닫고 있는 본명은 점차 정도를 택하여 정상적으로 움직이기 시작하고 있는 것이다.

어째서 이러한 이론을 꺼내는 것인가 하면, 방향을 보면 알수 있는 것이다.

남쪽방향인 인수 대운을 걸어가고 있음이 말해주고 있으며, 현재 41세의 丁火 대운에 이미 뜬구름 하나를 丁壬合으로 정리하고 있기 때문에 이는 필시 마음을 정리하고 있는 상태와 같은 것이다.

이유인즉 巳午未 방향에 오게되면 깊은곳에 도사리고 있는 丙丁이 왕성하게 성장 되므로 동결되었던 丑(고삐)土의 마음은 해빙되고 해빙함에 따라 乙木에서 이제껏 기승을 피우던 살기는 사라지고 활발한 움직임이 기대되기 때문이다.

그렇게 되면 지금까지 원망스러웠던 壬癸의 작용은 또한 전화위복으로 둔갑되는 것으로 水生木 木生火 火生土 土生金 으로 활동이자 창조이며 원만인 식신상관의 金을 사용하면 되는 것이다.

그러면 지금까지 丑土의 얼었던 땅속에서 辛金인 식신은 얼음덩어리 숲이 아닌 여름속의 빙수로서 만인의 환영이 대단할게 분명하다.

그 환영받는 이유란 간단하다.

壬癸란 본시 지랴인 두뇌의 기능이다.

그렇기 때문에 비록 초년엔 학식을 갖추지 못했어도 산전 수전을 겪은 실제의 경험이 모두가 해박한 지식으로 탈바꿈 되었기 때문이다.

本命은 어느누구 보다 살아있는 교육을 실제로 실험을 통하여 습득하게 된 것이다.

뜬구름 타고 동서남북을 다녔으니 보고배운 학식이야   타의 추종을 불허하고 남음이 있는것으로 슬프고 괴롭고 즐거운 인생살이를 모두 보고배워 인수인 남쪽방향 巳午未에서 木生火로 무엇을 하고있는지는 불보다 더 환하게 알 수 있는 것이며, 그의반해 본명은 丙火인 정인만을 사용하는게 생활의 목표요, 주이진 과제임을 명심해야 하는섯으로 만인의 등불이 될 것을 기대하는 것이며, 필히 그 길을 가게될 것인즉 영웅호걸적인 편관의 기질을 丙火인 정인을 사용하는 조건으로 더욱 拍車(박차)를 가해야 할 것이다.

(9題)   乾命(51才)

午	乙	甲	癸	壬
未	亥	申	丑	申

戊	戊	癸	戊
甲	壬	辛	壬
壬	庚	己	庚

(空亡)

66	56	46	36	26	16	6
庚	己	戊	丁	丙	乙	甲
申	未	午	巳	辰	卯	寅

丑(12月)의 甲木이니 관대로서 어느정도 육체는 완성 되었으나 아집이 분명하고 壬癸인 정인 편인은 편인으로 둔갑되어 부모곁을 떠나려고 준비하는 甲木의 목덜미를 잡고 차디찬 비바람이자 눈보라를 억지로 먹이고 있는 형국이다.

관대라면 육신의 형태는 완성된 고등학교 졸업 단계인데 서모이자 편인격인 눈보라와 같은 냉혹한 찬밥을 먹으려 하겠는가 그러나 편인은 지장간속에 뿌리를 박고 있으니 강한 마음의 작용은 변하질 않는다.

그러자니 甲木인 본명은 신경질과 아집이 더욱 치솟고 있는데, 엎친데 덮친 격으로 乙木인 겁재는 甲의 마음을 더욱 부채질 하고 있어 사람이 절제와 통제를 억제하지 못하고 아무데나 뛰어들며 누구에나 주먹같은 냉혹한 찬바람을 휘두르니 그를 따르고, 그를 반겨하고, 그와 대화할 사람은 아무도 없다.

그러다 보니 편인의 작용력은 날로 향상되어 눈치와 재치와 변덕은 증가되며 그의 여파로 생활과 마음의 궁색은 어려워만 지고 있으나 겁재를 대동한 甲木은 자신의 눈치와 재치 작전에 만족할뿐 자신의 헛점을 발견하지 못하고 있으니 답답하기만 하다.

왜냐하면 본명의 깊은 마음속 지장간에 丙丁火인 식신상관 (의욕적분발)은 한점도 없고 戊己土인 정재편재가 혼합으로 뒤섞여 재물 욕심만 만당을 이루고 있으니 한마디로 재물욕심 뿐이다.

더욱 겁재와 편인을 사용하고 있는 본명은 甲寅 乙卯 대운을 거치는 동안 공부엔 뜻을두지 않고 비견 겁재와 무리를 만들었으니, 그 무리는 무얼 뜻하고 있는가는 알고도 남음이 있으며 26세를 맞는 丙辰운에 이르러서야 식신이자 丙火인 태양이 떠올라 지금까지 맺혔던 가슴의 울분을 모두 버리고 회심의 정도를 택함으로서 순풍에 돛을 달았으나 천성이 돈과 여자에 욕심을 버리지 못하는 관계로 재물만 생기면 여자관계로 파란만장이 분명하다.

다시말해 26세의 丙운에 이르러 5년간은 그런대로 하는일에 형통은 되었으나 재물이 생기면 심장(火)이 약한 본명은 술과 여자로 모두 탕진하고 辰운에 이르러 다시 쇠퇴하기 시작 하였으며 36세되는 丁火의 대운을 맞아 의욕적인 분발을 하려하나 편인이자 壬水인 회오리 바람앞에 비상한 상관의 분발은 유산으로 변하여 허공에 떠있는 편재를 붙들기 위한 겁탈자의 무리를 만들어 질서아닌 파괴의 행각을 일삼으니 38세되는 己酉세년에 대운의 巳와 세운의 酉와 본명이 가지고 있는 丑과 巳酉丑(金局)의 삼합으로 묶이었으니(丑은소고삐) 고삐묶인 소가 된 형국이다.

巳酉丑(金局)이란 본명에겐 官으로서 甲乙木이 재판을 받는 형국이 되었다.

다음해 庚戌年엔 겁재인 乙木이 乙庚合을 이루어 겁탈자를 묶어버린 형상이니 옥고에서 벗어남을 뜻하며 개과천선을 암시한게 틀림없지 않은가 아울러 巳酉丑인 고삐도 풀어지며 대운의 巳支에서 열이 발생함에 깊이 얼었던 丑土는 풀어지며 대운은 발동하니 얼은골짝에 봄이오는 형상이다.

46세되는 戊午를 맞아 왕성한 戊午이자 편재를 혼자서는 도저히 감당할수가 없어 이제야 한맺힌 겁탈자의 마음을 버리고 협동과 상부상조의 대열에 발맞추게 되자 壬癸인 편인역시 밑거름이 되어 더욱 사업의 근원이 되고있으나 원만의 식신을 사용해야 己土인 정재와 정처는 힘을 얻게 될 것 같다.

본시 처와 재물은 동격이기 때문이다.

그렇기에 더욱 식신을 생활의 목표로 삼아야 하는 것이다.

만일 그렇지 않다면 심장의 이상은 물론 처의 건강 내지 모든 재물은 허공에 뜨게되어 그의 한으로 심장에 이상이 발생되면, 불치로서의 암시를 하고있으니 식신만이 최선이다.

본시 본명엔 丙火이자 식신이며 둥글고 원만한 마음이 처방이자 비상약인데 깊은 마음속 지장간에 한점의 원만이 없으니, 이해하지 못하고 넓게 생각하지 못하며 오직 편협한 생각만을 하게되어 스스로 고행의 길을 자처하여 걸어온 결과가 된 것인데, 그 원인은 허욕의 떠있는 정상이 못되는 돈과 여자에 촛점을 맞추고 살아왔기 때문인데, 그의 커다란 원인은 부모들의 가정교육이 절실하지 못한데서 비롯되었던 것이다.

더욱 성장하는 과정에서 마음속에 식신만 있었다 해도 모든 면은 달라졌을 것이다.

(10題)

寅	壬	丁	庚	癸	乾命
卯	寅	未	申	未	40才

(空亡)

戊	丁	戊	丁
丙	乙	壬	乙
甲	己	庚	己

63 53 43 33 23 13 3
癸 甲 乙 丙 丁 戊 己
丑 寅 卯 辰 巳 午 未

丁火는 陰火인 달빛이다.

그와같이 申(七月) 가을의 달빛은 영롱하나 세찬 비바람(壬癸水)이 불고있어, 정신을 차리기가 힘들게 된 것이다.

왜냐하면 丁火가 巳나 午를 만나야 건록 제왕으로서 七신하를 명령하고 지배하며 군왕으로서의 체통과 위엄을 과시 할 것인데, 申月의 丁火인 목욕으로 壬癸의 세찬 바람까지 만나 갈팡질팡 하고있는 것이다.

그와같이 壬癸는 정관편관으로 언덕이자 정상인데 그 언덕인 고개가 하나도 아니요, 두개나 되며 엎친데, 덮친격으로 庚金인 정재가 金生水로서 정상아닌 비정상의 편관을 북돋아 줌으로 丁火인 군왕은 더욱 가쁜 숨을 몰아쉬게 된 것이다.

그러면 과연 그 고개가 얼마나 높은 절벽인지 길이를 재어보면 壬은 申에서 장생이요, 癸는 申에서 死가 되므로 별로 높지않은 절벽이자 비바람인데 어린 丁火이자 목욕의 입장으로서는 대단히 높고 거센 비바람이 확실하다.

더욱 골치가 아픈것은 庚金인 정재가 丁火인 군왕을 외면하고 오히려 비바람을 金生水로 부채질 하고 있음이 문제이며, 더욱 庚金은 申에서 건록이 되어 본명의 丁火인 군왕이나 다른 신하들 보다도 정재인 庚金의 힘이 가장 막강하게 된것이다.

그러면 丁火는 庚金이 정재인 화물이자 재물인데 丁火는 목

욕으로서 그 어린 목욕은 오판과 실패가 많을 터인데도 불구하고 등어리엔 천금같은 庚金이자 정재요, 재물을 짊어지고 정상도 아닌 비정상(험난하고 험난함)을 오르려 하고 있으니 누가 보아도 불가능 하지만 어린 목욕으로서는 판단이 흐려 오르고 못오름을 알수가 없다.

더욱 정신을 못차리게 된 것은 壬水인 정관이 손짓하며 불러들여 合으로서 묶어 버렸으니 이는 무엇을 뜻함인가? 壬은 정관이자 생부로서 정도요, 기강이며, 단계적 계층으로 언제나 계층을 따라 정신을 차려가며 올라갈것을 암시하며, 마음의 편관을 버리고 정관이자 법도요, 기강이며, 친아버지의 말을 들어야 한다는 것을 암시해주고 있는 형상이 아닌가 그에 때를

같이하여 밑거름이 되는 인수는 寅과 未속에서 무엇을 알려주고 있으니, 본명은 木이자 인수를 사용해야 하며 인수를 목표로 삼아야 한다.

인수인 보약만이 살길이요, 인수인 휘발유를 얻어야만이 그나마 한계단 한계단 씩이라도 올라갈 수 있는 것이다.

만약에 인수인 덕망·지식·인내·노력등이 없다면 등어리의 화물인 짐짝에 눌려 더욱 사고무친이 될 것이다.

더우기 편관이란 칠살로서 호랑이와 같다고 했으니, 호랑이 두 마리가 짐을 짊어진 어린 목욕에게 절벽에 오를것을 독촉하고 있으며, 정상인 정관은 丁壬合으로 손짓과 유혹을 하고있어 판단흐린 목욕은 정상만 생각하고 급히 서두르며 기초적 단계를 무시하고 착각내지 망각하며, 갈팡질팡 하겠지만, 서두르지 말고 丁壬合인 정관의 말대로 정상을 탈환하자면 비상 약이자 처방인 木의 인수를 사용해야 한다.

그렇게 되면 壬癸水이자 비바람이며 험난한 편관의 기질은 인수로 변하며 인수는 나를 북돋아 주게 되므로 그런때 식신만 사용하면 되는 것이다.

즉 식신이자 己土요, 원만이며, 둥근마음을 함께 사용하면 己土인 식신은 자동으로 재물인 金을 생산하게 되므로 생산공장인 네기둥은 水生木 木生火 火生土 土生金 金生水로서 생산과 소비는 정비례가 되는 것이다.

다행히 본명의 깊은 마음속 지장간에 인수의 뿌리(木) 정재의 뿌리(金) 식신의 뿌리(己)가 있으므로 사용하기가 수월하다.

만약에 뿌리가 없다면 수십 수백배의 노력이 필요할 것이나,

본명은 그같은 뿌리가 있음으로서 수백배의 짐을 덜은것과 같은 것이니 더욱 노력으로서 노력의 정상을 찾는게 현명이 아닐까 한다.

이를 좀더 설명 하자면 丁火를 물품으로 보고 己土와 戊土를 공장으로 볼 때 丁火의 품목은 완생품이 못되는 목욕의 어린 약질의 품목인데 己土는 식신공장으로 천역적 자원을 갖추었고 戊土는 상관의 비상한 창조적 자원으로 화려한 인공의 공장인데, 선택의 자유는 있으나, 선택후의 후유증도 있는 것이다.

즉 丁火가 식신인 천연의 공장에서 개선되어 나온다면 그 품질의 우수성은 천연 그대로 인정을 받아 庚金인 정재가 쌓여지게 될 것이나, 丁火가 화려한 상관이자 인공의 공장을 거친다면 그 품질은 겉은 화려하나 내용은 가짜로서 알차지 못하여 庚金인 정재가 오는것 같지만, 속은 辛金인 편재이자 뜬 재물이 오는 것으로 이제까지 상관의 공장에서 노력한 것은 헛수고 헛투자 헛공사가 되는 것이다.

그래서 본명은 정인인 甲木과 식신인 己土를 사용해야만 되는 것인즉, 84年엔 甲子년이 오고 대운의 乙卯 甲寅과 연결되니 부디 정인을 사용하는 조건으로 식신의 둥글고 원만한 마음을 사용해야 한다.

만약에 정인을 먼저 사용이나 실천하지않고 식신의 마음을 사용하면, 병든 환자가 보약을 먼저 먹지않고, 여자나 재물을 쫓아다니는 형상으로서 気力인 힘이 소모되어 지쳐서 쓰러지게 되는 것으로서 어려운 사건들이 속출하여 휘말리게 되는 것이니, 언제나 마음속에 인수를 먼저 사용하는 조건에서 식신을 성립시켜야 하는 것이다(인수는, 노력, 인내, 지식을 넓히는

길, 직장생활, 독서, 지구력, 끈기, 이해 사물의 이치를 깨닫는것, 참고 견디는것) 아울러 천의 하나라도 돈부터 생각하고 돈에대한 욕심만 생각하고 돈을 벌어야 한다는 돈의 생각으로 움직이면 돈은 돈이 아닌 金生水로서 비바람이요, 壬癸며 비정하고 냉혹한 서릿발 같은 죽음과 공포적 칼날인 壬癸를 생산하여 丁火인 본명을 위협할 것이니 본명은 항상 불안과 공포속에 살아가게 되는 것이다.

또한 壬癸이자 편관인 호랑이 두필이 어째서 나를 노리고 위협하며 도사리고 있는가를 긴장으로 쳐다보면, 호랑이 두필인 壬癸는 水극火로서 丁火를 먹기 위하여 언제나 헛점만 노리고 있음이 분명한즉 이는 언제나 커다란 위험이 뒤따르고 있으니 방심하지 말아야 하며 더욱 인수를 사용해야 한다는 점을 명시하고 있는게 아닌가 壬癸는 편관으로서 언덕과 정상과 높은곳을 상징하니 丁火는 그 높은 절벽이 무엇이며 어디인지도 모르고 오르려 하는 마음이 두곳(壬癸)으로 갈라지고 있으나 丁火는 壬인 정관과 벌써 약속된 상태로서 정도를 원하였으니, 丁壬合은 木으로서 마음의 인수는 어려서 부터 싹트고 있었음이 여실히 나타나고 있는 것이다.

아울러 乙木(편인)을 사용하면 불꽃이 약하고 눈물이 나오며 甲木(정인)을 사용하면 壬癸의 강한 氣를 흡수하여 丁火의 불꽃을 강하게 할것인즉 정도와 인내와 노력과 끈기와 지식을

가까이 해야하며 도박 술 내기 노름등은, 금물로 삼아야 한다.

그렇게 되면 상품의 품목을 골고루 갖춘 丁火는 乙卯 甲寅의 인수 대운인 20년 세월에서 목욕의 멋진 멋과 향기로 둔갑되어 만인의 사랑과 존경을 받는 巨星으로서 千秋의 名을 남길 것인

즉 서두르지 말고 착실하게 정진하길 종용하는 바이다.

이는 언제나 기초를 무시하고 정상에 올라가는 습관을 제거시키라는 뜻이다.

(11題)

子	癸	丙	庚	乙
丑	巳	辰	辰	巳

(空	戊	乙	乙	戊
亡)	庚	癸	癸	庚
	丙	戊	戊	丙

乾命
18才

61	51	41	31	21	11	1
癸	甲	乙	丙	丁	戊	己
酉	戌	亥	子	丑	寅	卯

3月(辰)의 태양인 丙火로서 辰에서는 관대가 되니 天上天下 唯我独尊이 분명하다.

이 세상에 저밖에 모르고 탱크처럼 밀며 오직 정상에 올라가는 것 밖에 모르니 옆과 뒤를 살피기도 싫고 살필 겨를도 없다.

丙火는 관대로서 고개를 반짝 들었으니 어렵고 두렵고 무서운 사람이 없으며 아량 도량 관용과는 거리가 멀어 적이 많으며 아집을 부리니 협동과 상부상조가 없다.

더우기 편재(수완, 능력, 재주)는 정인의 乙木과 乙庚合으로 묶여 있으므로 일곱 신하에서 乙은 결혼시켜 내보낸 형태와 같으며 나머지 5 신하와 상의해 가며 다스려야 하는데, 地支의 4신하는 고정되어 움직일줄 모르니 時의 干에 있는 정관이자, 언덕이요, 정상인 癸水를 어쩔수 없이 선택해야만 하는 것이다.

그러면 정관은 정상이요, 언덕으로서 그 정상은 멀고도 험한 곳으로 정평이 나있지만 어쩔 수 없이 혼자서 그 멀고 험한 정상의 길을 가야만 하는 것이다.

즉 편재인 편법의 재물과 수단은 정인이자 乙木이요, 어질고 착한 인내와 끈기로서 묶어놓았으니 미련을 가지면 안되며 그러자니 더욱 쓸쓸하고 고독할 것이나, 그것을 감수하며 견뎌야 하는 것이다.

그렇기에 본명은 홀로가는 나그네와도 같지만 길을 갈때 뿐 정상에 오르면 그 시원하고 후련한 경치야 말로 장관일 것이다.

그런데 다행스럽게 된 것은 癸水이자 정관은 현재 18세의 위치에서 볼때 얕은 곳이다. 왜냐하면 본명의 月支인 辰에다 높이를 재어보면 養으로서(陰干은 逆行함) 현재는 얕은 고개이다.

또한 대운의 방향을 보면 현재 寅에 머므르고 있으니 寅卯는 東方木으로서 木生火를 하게되어 본명인 丙火는 현재 인수방향을 가고 있으므로 공부의 노력은 흡수를 잘하고 있다.

따라서 21세의 대운엔 겁재인 丁火가 나타나니 丁火의 입장에서 볼때는 癸水가 두렵고 무서우며, 실증나고 짜증이 날것은 기정 사실이다.

이유는 본명의 부속품인 癸水는 丁火의 칠살이자 편관이기 때문이다.

그런데 丁火인 겁재의 무게를 丁丑인 丑에다 대운 자체로 달아 볼때 墓에 해당되니 힘이없고 쇠약한 겁재임이 분명하나 그 겁재인 丁丑은 묘로서 이미 산전 수전을 겪은 인물이 아닌가, 그렇기에 그 겁재인 丁火는 丙火에게 戊土이자 식신인 원만의 마음과 乙木이자 끈기요, 노력이며, 지식인 정인의 마음을 함께 사용해야 된다는 것을 종용 할 것이다.

그러면 관대인 丙火도 판단은 할수있게 마련이므로 그에 응할것이며, 더욱 戊土이자 식신인 원만의 마음을 사용 한다면 정관인 癸水는 戊癸合으로서 힘들이지 않아도 자동적으로 정상을 정복할 수 있다는 사실을 알수있는 것이다.

그러나 관대인 丙火로서 식신과 같이 둥글고 원만함을 갖기는 매우 어렵고도 어려울 것인즉 乙木인 정인으로 수없이 木극土 해야 할 것을 지장간 속에서 암시하고 있는 것이다.

그런데 본명은 다행하게도 마음속 깊은 지장간에 정인의 乙木이 도사리고 있으므로 남에게 일체 말하지 않는 끈기와 노력과 인내로서 이겨낼 수 있는 마음은 있는 것이다.

그러나 乙木인 호미로서 수많은 戊土의 식신을 木극土로 파헤치자면 얼마나 피나는 노력과 수많은 공을 들여야 할 것인가.

그래서 더욱 힘들고 어려운 것인데 그럴수록 끈기와 인내와 노력으로 더욱정진해야 할것을 암시하고 있으니 계속 정인인 乙木으로 식신의 문을 두드려야 하는 것이다. 그렇게 되면 26세 부터 30세의 이르는 丑대운에 癸水인 정관은 丑에서 관대가 됨으로 벌써 그만치 높은곳에 올라갈 수 있게 된것이며 子대운에 이르러 정관인 癸水는 건록이며 亥대운엔 제왕이 되니 정관은 이때가 최고의 전성기를 맞는것인데 본명인 丙火는 乙木인 정인과 戊土인 식신을 조건으로 하였으니 인생은 누구나 정상에 오르자면 그만한 숙제는 감수해야 하는 것이다.

논문을 쓰자면 노력의 실력없이 쓸수 없음은 사필귀정이 아닌가.

그런데 이와는 반대로 丙火가 乙庚合으로 묶여있는 편재의 가방을 열어 편재인 庚金을 꺼내어 편재 그대로 수단과 재치와 능변과 편법을 사용한다면 庚은 癸水를 생산하되 庚金 자체가 알차지못한 편재이므로 癸水는 정관이 아닌 편관으로 변질이 되어 뒷골목의 불량배 두목으로 몰락하게 되는 것이다. 그래서 본명은 편법이자 편재인 庚金을 사용하지 못하도록

묶어놓은 것인데 그런것은 세밀하게 분석해야 한다. 다시말해

모든 十干이 묶였거나 묶이거나 묶으려 할때는 반드시 이유가 있는 것으로 거기에 문제의 해결이 들어있는 것이다. 그와 같이 본명 역시도 乙庚으로 묶여있는 이유가 그에 해당되는 것인데 乙庚이 묶여있는 자체로 볼때도 金을 생하고 있으니 본명은 끈기와 인내와 노력인 정인(乙木)으로 수단과 재치와 편법인 庚의 마음을 묶어만 놓는다면 묶어놓는 자체로도 재물은 생산이 된다는 뜻을 내포하고 있는 것이다. 또한 丙은 절대로 甲木이자 편인은 사용하지 못한다.

왜냐하면 3月이 되면 모든 식물은 녹음으로 뒤덮인다.

그렇게 되면 정상을 올라가는 丙火인 태양은 녹음이 우거진 숲으로 인한 차광(遮光)때문에 丙火의 빛은 가리어 힘을 쓰지 못하게 되는 것으로 약삭빠른 눈치와 야비하고 인색한 행동은 일체 금기로 해야하며 오직 인내와 노력과 둥글고 원만한 성격을 사용 해야만이 정상을 정복할 수 있는 것이다. 만약에 재물을 탐하거나 여자를 탐하면 金生水가 되어 맑은 날에도 비바람이 쏟아져 丙火인 태양 자체가 먹구름에 가리게 됨을 암시하고 있는 것이다.

그런데 본명이 만약에 정상을 정복하지 못하면 못하는 그것만큼 인생의 밑바닥을 걸어야 하기 때문에 더욱 자세를 가다듬어야 하는데 아쉬운 것은 지장간 속에서 戊土인 식신이 癸水이자 정관의 열쇠를 戊癸合으로 쥐고 있으니 마음의 노력은 더욱 해야하며 乙木인 생물은 그곳에 뿌리를 박고있어 겹친 노력을 요구하고 있는 것이니 본명은 오직 정상이자 비바람을 몰아내는 정복을 위해서 丙火인 자신의 기강을 둥글고 원만하게 다듬어야만 한다. 만약 그렇지 못하면 정상 아닌 비정상으로 태양인 丙火의 위신은 땅으로 떨어져 빛나는 그것 만큼의 반대 현상에서 굴욕적이고 치욕적인 인생의 밑

바닥을 헤매야만 할것이다.

（12題）　　　　　　　乾命

戌 甲 丙 戊 乙　　　48才
亥 午 寅 子 亥

（空亡）

丙	戊	壬	戊
	丙		甲
丁	甲	癸	壬

63　53　43　33　23　13　3
辛　壬　癸　甲　乙　丙　丁
巳　午　未　申　酉　戌　亥

子月의 허약한 丙火로 木火通明하였으니 두뇌는 좋으며 식신이 있으므로 마음이 둥글고 원만하다. 얼핏 보기에는 子月의 허약한 丙火로서 丙火의 기운을 소모시키는 戊土인 식신이 원망스럽게 생각할 수 있으나 자연이나 인생이나 먹으면 배출해야 되는게 순서요 질서로서 본명의 식신인 戊土는 丙火의 배출처요 안식처이며 활동의 무대이다. 어째서 그런가

-215-

하면 時支와 日支가 寅午의 半合으로 구성되어 丙火의 힘을 뒷받침 해주며 甲乙木인 인수가 또한 木生火로 계속 힘을 공급하여 줌으로 허약한 丙火이지만 氣力이 모자라지 않는다. 만약에 寅午의 半合이 없었다면 戊土인 식신은 오히려 丙의 기운만 빼내는 기분나쁜 존재가 되는 것인데 마음속에서 솟구쳐 나오는 힘은 식신을 통하여 배출시켜도 염려되지가 않는 것이다. 그 이유인즉 寅午의 火局을 성립시킨 관계로 심장과 소장의 작용이 좋아진 것인데 실은 寅午의 火力에 의하여 얼어있는 亥子의 水가 움직이게 되어 콩팥과 신장에서 간담인 甲乙木으로 에너지의 공급을 활발하게 하여 줌으로 간과 담에서 심장과 소장으로 전달되는 에너지 또한 강하게 작동하는 것이며 그 힘을 공급받은 심장과 소장은 위장으로 그힘을 배출하고 있어 소화력을 도모하고 있는데 본명에 있어 아쉬운 점은 庚辛金이자 폐와 대장이며 정재 편재인 알차고 보람찬 열매가 없다. 그에따라 庚辛은 음향으로서 본명은 목소리 속에 강한 힘이 없으며 비밀이 없다. 왜냐하면 속에 숨겨진 알찬게 없으니 속일 필요가 없는 것이다. 모든 인간은 마음 속 깊은곳에 소중하게 간직하고 있는게 많지만 본명의 지장간 마음속엔 丙火의 재물인 金이 없으므로 누구에나 비밀이

없고 솔직 담백한 것이다.

더욱 月支가 胎요 日支가 長生인 본명은 유약한 어린이와 같이 순진하고 정직하여 식신이란 자연 그대로의 형상이 없다면 살아가기가 곤란하고 힘들것이다. 상식적으로 판단해도 어리고 유약하며 정직한 어린이가 어째서 어른들의 귀염과 사랑을 독차지 하는지는 꾸밈없고 자연스러우며 청순하고 깨끗

하기 때문이 아닌가.

본명에겐 그게 바로 특기요 무기며 장기가 되는것이다. 그런데 만약에 본명의 부속품이 戊土이자 식신이 아닌 己土이자 상관이 있었다면 세상을 살아감에 곤욕을 치루어야 했을 것이다. 이유는 연약하고 어린 子月의 丙火로서 천방지축 나오는 대로 쏘아댈 터이니 어른을 상대하고 윗사람을 이기려 드는 경거망동한 어린 소년이 환영받는 곳은 세계무대에도없지 않을까 더우기 그런 경우에는 甲乙木인 편인의 작동이 거세게 파동을 탈게 확실하기 때문이다.

그런데 본명은 다행히도 戊土이자 식신이요 태산을 사용하는 관계로 남의 비밀은 소중히 간직하고 나의 비밀은없기 때문에 때로는 야비한 인물들에게 손해를 보는 단점도 있는것이다. 또한 丙火에게 전달되는 甲乙木의 편인소리는 야비하고 인색한 주문도 동서에서 들어오지만 그때마다 丙火인 본명은 식신인 戊土에게 넘기어 태산속에 깊숙히 묻어버리는 습관이 있어 그것의 장기로 더욱 둥글고 원만하게 자연의 혜택을 보고있으나 열매이자 주머니인 庚辛이 없어 재산을 모아놓고 저장시킬 수가 없는 것이다.

그런데 다행스럽게도 초년의 대운에서 서쪽방향인 申酉戌金의 행로를 걸어 오게되어 본명의 결핍을 메꾸기엔 만족하게 되었으나 43세로 접어들면서 金의 결핍이 재발되어 그 증세를 차츰 강하게 노출시키기 시작 하였으니 초년에 저장되었던 알찬 재물이 점점 줄어들기 시작하고 있는것인데 巳午의 방향에 오게되면 그 증세는 가일층 노출되어 급기야는 호흡기관과 대장에 이상이 생겨 건강 문제로 대단한 고심을 할

것 같다. 선천으로 폐와 대장과 비장이 약한 관계로 巳午未
열의 고장에 오게되면 간담의 작용은 강해지고 강해짐에 따
라 심장과 소장의 박동은 폭넓게 움직이기 시작하는데 그 폭
넓은 작용의 파동을 비 위장에서 건너 받아야 하며 나머지 남
는 열의 힘을 폐와 소장에서 흡수하여야 하는데 폐와 소장에
서 감당이 어려워 소화를 시키지 못하니 발병은 필연일 것으
로 거기에서 건강의 문제로 재물은 새어 나가는 것이다.

그러나 방법은 있다. 미리 미리 식이요법과 매일매일 운동
으로 호흡기관의 힘을 두껍게 해두면 폭풍을 대비한 제방과
같이 얼마든지 감당할 수 가 있는 것이다.

아울러 현재까지의 모든 사업도 정리하여 적은 규모로서 될
수 있는한 폭넓은 대인 관계를 멀리 해야하며 천연자원의 식
신 그대로 자연의 질서를 따라 사회의 봉사활동에 조금씩 힘
쓸것을 종용하는 바이다. 인생은 선천으로 좋은 일을 하게되
면 마음의 평안이 찾아오며 악에 일을 하게되면 정신과 마음
의 파동이 먹구름을 유발시켜 무엇을 발생하게 되는가를 느
끼고 깨달으면 되는 것이며 본명은 모든 면에서 건강을 위주
로 하는 생활의 촛점을 맞추어야 하는 것이다.

(13題)　　　　　乾命

甲	壬	乙	癸
辰	寅	卯	亥

寅卯辰 方局을 형성하여 我執이 强하고 義를 위하여 壽命
을 아끼지 않는다. 고지식 正義하며 平生 남을위해 희생하나

윗사람에 毒気를 뿜으며 下는 보살핀다.

年上에 癸가 있어 貴人의 信任이 厚하다. 傷官이 있어 不平不滿이 가득하다.

支臧干에 食神과 財가있어 妻의 內助가 컸다.

食傷多者는 얼굴도 芸術的 용모도 아름답고 說得力이 대단하며 正言을 잘하기 때문에 是非가 많다.

自己의 性格과 맞지않으면 萬金을 주어도 妥協하지 않는다. 때로는 自己꾀에 自己가 넘어간다. 욱박지르면 더욱 빗나간다. 달래줌이 최선, 性格도 過激하며 頭腦도 過激하게 使用한다. 이런사람은 印綬를 사용해야 한다(修養, 德, 學文을 닦고 忍耐力을 培養해야함) 꽃은(식, 상)만발이나 열매가 없다. 실속없이 東奔西走 한다. 到処에 꽃이 만발 하였으니 어디를 가나 허화인 여자가 따른다.

이는 전체가 慾心이며 誘惑이다. 이런 사람은 진통제가 인수다.

※ 네기둥에 食傷이 있으면 두뇌가 좋다. 印綬는 게으르다. 財官이 있으면 할일이 많다. 比肩이 많으면 남과 다툼이 있다.

(14題)   坤命

癸	丁	丁	丁
卯	酉	未	丑

이런 경우엔 癸로 보아야 한다.

물론 癸로보나 丁으로 보나 대동소이 하지만 癸로보면 쉽게 판별이 된다.

癸가 남편인 관인데 独占이 어렵다. 財物은 많고 君은 弱하여 財物로 인한 風波는 필연이다.

日時에 沖하니 夫와 子가 無力함을 暗示하고 女子는 比肩이 많고 財가 弱하거나 없으면 인색하고 야비하며 버릇이 없다.

또한 卯酉가 沖하게 되면 바람을 일으키는 형상으로 춤이나 마음의 바람이 성할 수 있음을 暗示한다.

그런때 自制力인 인수와 기강인 官을 사용하는 것이니 자신이 누르며 참아야 한다.

왜냐하면 그것으로 因한 사회의 風이 물의를 빚어내기 때문이다.

(15題)   坤命

壬	庚	丁	戊
午	辰	巳	申

年上에 印綬가 官을(火生土, 土生金)하고 時上에 壬이 官을 조금 눌러주어 錦上添花(금상첨화) 같다. 女子의 네기둥은 官殺混雜이 좋지 않은 이유가 정신을 차리기 힘들정도로 마음의 변화가 발생하기 때문인데 이런때 자식을 생각하는 食神傷官의 마음을 사용하면 의약이 된다. 本命은 食神이 制殺함으로 매우좋은 것이다. 즉 官이 지나치게 자신보다 강할때는 조금 누르게 되면 좋은것이나 官이 약할때 누르게 되면 그 官은 상처를 크게 당하는 것이다.

또한 傷官을 보면 正官이 傷処를 당하게 되는데 年에 偏印이 있어 傷官을 막아주므로 좋은 것이다.

그러므로 이런 경우엔 偏印이라 해도 正印과 다를게 없다.

本命의 男便과 子女는 건실함을 암시하고 있다. 女子가 傷官이 있다해서 덮어놓고 나쁜것은 아니다.

즉 傷官이 있다해도 財物인 유통이 있으면 通関이 되므로 関係가 없는 것이다.

그러나 傷官이 없고 無財하면 男便에 대하여 공연한 不平不満을 가짐으로 스스로 자처하여 들어오는 복을 차버리는 결과가 되는 것이다.

人生은 재물만이 전부가 아니므로 재물때문에 싸우고 헐뜯고 투쟁할 필요는 없다. 비록 재물은 약해도 성실하고 근면하며 정도의 마음을 실행하면 자식인 열매는 건실하고 튼튼하게 된다.

그러나 재물이 많다해서 자식이 잘되고 풍요로운 역사를 창조한다는 보장은 없는것이다.

(16題)   乾命

戊	戊	壬	庚
午	申	午	戌

月上에 壬水인 편재가 더없이 반가운 충신이다.

왜냐하면 水인 물이 메마른 태산을 적셔주기 때문이다.

그 壬水의 根気는 申이자 妻의 자리에 있으니, 妻가 賢母良妻임을 암시하고 있다.

그래서 본명은 得配하면서 부터 順風에 돛을달은 격이었다.

財가 더없는 충신이기에 富貴를 兼하게 되었다.

메마른 5月의 태산에 壬이 있으니 人物과 心德이 깊으며 婦人이 아름다운 형상이다.

만약 壬의 뿌리인 申이 없었다면 그렇지 못하며 또한 무더운 여름이 아니면 壬이 빛나질 못한다.

아울러 壬은 年干에 庚金이 金生水를 하고있어 마르지 않는 샘과도 같은 형상이다.

그처럼 命脈을 상세히 觀察해야 한다.

(17題)　　　　　　乾命

甲	丁	庚	辛
辰	未	子	巳

木火가 通明하여 自家発電형이다.

인수인 甲木이 반가운 충신이니, 誠実 德望으로 우대를 받는다.

衣食住가 良好하며 知識을 바탕으로 職業이 良好한 형상이다.

時의 干은 외각을 상징함으로 海外留学도 유리하며 社会活動도 유리하다.

日支인 妻의 자리에 丁火의 힘이있으니, 妻의 内助가 있음을 암시하며, 月支에 絶이 있으므로 형제와 母의 변화를 암시한다.

(18題)　　　　　乾命

```
甲 甲 壬 壬
子 午 寅 辰
```

寅月의 甲木으로 身이 왕성하다.

偏印이 있으니, 눈치와 재치가 왕성하다.

　身이 왕성하면 꽃을펴야 하는데, 時上의 甲木이 앞을 가리고 年月의 壬이 寒気를 주니 水木만 旺盛하다.

　能力도 있고 재치도 있으나 四面이 絶壁江山으로 水生木만 해준다.

　日支에 午가 命脈이나 子가 沖하니 妻가 無力하며 健康도 나쁘다.

　壬의 根気가 時支에 있으니, 子女가 無力하다.

　이런 사람은 무엇을 하든 始終一貫해야 한다.

　절대로 途中下車는 금물이다.

　戊申 대운에 와야 定着할수 있으나 申운엔 申子辰 水의局을 이루게 되어 財物이 물에빠진다.

　財物이 없어 재주가 없으나 숨은 재간은 있다.

　이런 사람은 첫째, 인수가 지나치게 많으므로 게으르다.

　또한 水가 많기때문에 활동인 식신 상관을 저지하며 더욱 火는 정신인데, 水극火로서 정신의 침해를 받기 때문에 움직이기 싫고 편하게 앉아서 먹기만 원하니 세상을 살기가 어려워진다.

　모쪼록 본 네기둥인 거울을 보고 자신을 개선하고 자신을 다듬어야만 인정을 받게되어 살아가기가 편한 것이다.

〈참조, 네기둥 분류방식〉

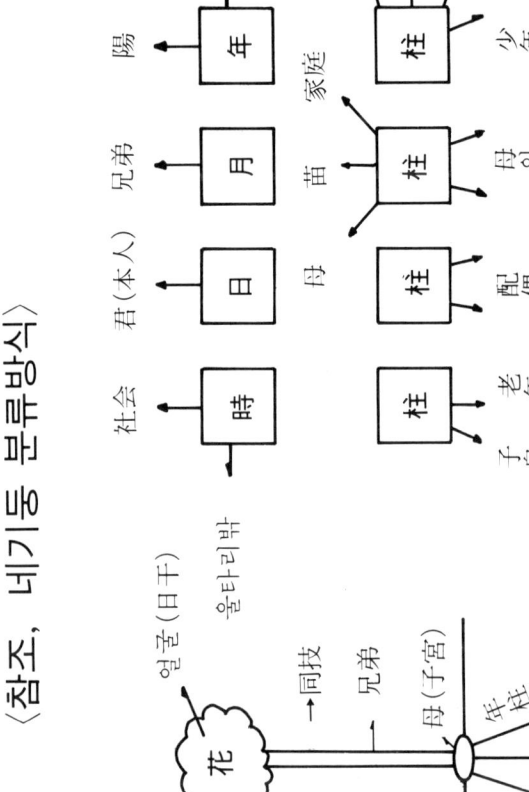

27. 綜合論

「주체는 素粒子(소립자)」「気는 原動力」

● 「肉身은 血」(나무에 供給하는 水分이 血이다.)

● (血을 運搬(운반) 시키는 原動力이 気)

● (気와 血이 結合함으로 発展 変化 運動을 한다.)

● 気는 生命을 運轉하고 있다. 気分이 좋으면 消化가 잘 되지만 気分이 나쁘면 消化가 안된다. 음식맛을 감별하는 것은 気다. 気가 응어리 되면 피도 멈춘다. 気는 放射的인 性能을 가지고 있다.

● 物質이란 血을 말함이요, 血은 엉키려 들고 엉키는게 本性이다. 気는 散(흐트리는) 성분이 本性이다.

다시말해 엉키는 피를 発動하여 流通시키는게 気다. 発動이 꺼지면 死한다.

気를 主管하는게 肝(木)이다. 肝이 弱하면 피로, 피곤이 빨리온다. 血(피)는 에너지다. 기름을 에너지로 燃燒(연소) 시키는게 肝(木)이다. 간이 나쁘면 피로가 빨리오며 얼굴에 기미가 낀다(얼굴색이 달라진다). 血(피)가 부족이면 얼굴이 白色이다(하얗게 된다) (음식은 콩, 간장, 된장을 먹으면 血이 생산된다). 겨울 胎生은 水가 왕성하므로 콩팥 심장병이 많다.

◉ 너무 습하거나 건조해도 수분을 흡수하지 못한다.

◉ 겨울태생이 심장이 약하면 간을 튼튼하게 해주면 좋다 (水生木, 木生火).

◉ 土를 관리하고 다스리는 것은 木이다(戌未月은 木이 약하다).

◉ 木이 왕성하고 土가 약하면(木을 설기 하는 것은 火).

◉ 木을 生하게 하려면 신장 콩팥을 보해주면 水生木이 된다.

◉ 精神修養을 많이하게 되면 気는 強하게 된다. 精神修養이 부족하면 気가 약해진다.

◉ 마음을 개방하고 편안하게 안정시키면 気가 강해진다.

◉ 심장은(脈) 気를 관리하고 다스리는게 根本이다. (気는 物質이 아니라 精神이다).

◉ 萬病은 気에서 発生한다.

◉ (肺가 왕성하면 目(眼病)이 온다(金剋木).

◉ 春 胎生은 호흡 콩팥 비위등이 약하다.

◉ 夏 胎生은 肝이 약하다.

◉ 秋 胎生도 肝이 약하다(気血의 流通 관계로 다리가 약하다).

◉ 冬 胎生은 심장이 약하다.

◉ 肺病은 金이 지나치게 많거나 너무 약하면 発生한다(이럴때 土方으로 向하면 많은 효험을 본다).

◉ 肝이 약하면 東方으로 향하면 좋다).

◉ 木은(肝) 怒한다(少年·少女 未成年이기에 화를 잘낸다).

◉ 火는(心臟) 笑한다(청년기엔 자신만만 하여 잘 웃는다. (여유).

● 土는(脾) 憂한다(40代 중년기 이기에 생각을 많이한다(思)

● 金은(肺) 悲한다(황혼기 이기에 비관을 많이한다).

● 水는(腎) 恐한다(노인이기에 무섭고 두려워 한다).

심장병 환자는 잘 웃는다.

● 肝이 지나치게 강하거나 너무 약해도 화를 잘낸다. 肺病엔 마늘이 좋다.

● 꿀은 위장, 감초는 소화, 덜익은 과일은 肝에 좋다.

● 여름태생 미성년 청년등은 커피가 안좋다.

● 불안증이 있으면 심장이 허하다.

● 술이란 간에 부담을 많이주므로 心気가 흐리고 약해진다 (적당히 먹으면 加熱済)

● 熱病患者는 커피가 안좋다(커피는 심장에 열을 가해주기 때문).

● (술을 지나치게 과음한 이튿날엔 식초산을 약간 먹으면 정신이 맑아지고 기분이 상쾌하여 진다).

● 불면, 불안증에는 마늘이 좋다(金剋木으로 다스려 주기 때문).

● 여름 태생은 씀바귀가 안좋다.

● 암은 四角地帶 土金이 왕성한 사람은 암병을 조심해야 한다. 왜냐하면 통풍이 안되면 곰팡이가 생기기 때문인데 土가 金을 생하여 줌으로 金이 왕성하면 간인 木이 약화되어 열을 생산하지 못하는 관계로 곰팡이가 발생하는데 그 곰팡이가 바로 암병이다.

● 남자는 気가 내려오다 뭉친곳이 根.

● 여자는 気가 올라가다 뭉친곳이 유방.

陽은 動(움직인다).

◉ 陰은 停止狀態(固定)

◉ 気는 마음(心) 마음은 時時刻刻으로 変한다. 형체를 구성하고 움직이는게 마음이다.

◉ 흐르는 공기는 보이지 않는다. 네기둥은 우주의 気를 살피는 것이다. 気를 알아야 네기둥을 살필 수 있다. 모든것은 気(마음)이 좌우한다. 気는 빛과 열을 먹고살며 体는 水(血)을 먹고 산다.

◉ 肉身이란 血의 化身이다.

◉ 水(血)多하면 육체는 비대하다(물많은 나무는 잘 큰다는 뜻).

南方木은 가지는 많지만 잘 자라지 못한다. 東海는 木気가 왕성하여 울창하다.

◉ 얼굴색은 陰으로서 마음이 만들어 낸다.

◉ 気라는 것은 공기와 마찬가지로서 상통하는 것이다. 気는 개방이 근본이다.

즉 여름에 문을 개방하면 시원하고 닫아놓으면 답답하다. 마음도 똑같은 것으로 개방하면 시원하며 욕심으로 엉키면 답답하게 되어 유통을 스스로 막는 것으로서 모든 운세가 막혀 버린다. 그래서 마음인 気가 뭉치면 운도 뭉친다는 것이다. 인간은 陽 짐승은 陰, ─(角이진 이마는 안통하는 사람).

(陽이 통하는 이마로서 통한다), ─(통하지 않는 눈썹),

(통하는 눈썹), 👁 (下三白) 👁 (上三白) 👁 (四白) = 돈이라면 살인도 서슴없이 한다.

◉ (財는 富)

● (官은 貴)

● (印綬는 生気)

● (富貴를 감당하는 것은 印綬)

● 財는 散気, 慾気로서 財多者는 욕심이 많다.)

● (七殺은 비상하다.)

● 官은 중요하며 벼슬 뜻 고개 절벽 정도 父 국가 상사등을 상징, 金水가 많으면 意気가 없다.

● 生気와 散気를 세밀히 관찰해야 한다.

● 正財는 정당한 욕심

● 偏財는 부당한 욕심

● 재가 충신이면 養心(養気).

● 散気는 財가 역적이다. 역적의 財는 散気로서 돈 때문 아니면 여자 때문에 말썽이 연발하게 된다.

● 印綬가 충신이면 生気

● 印綬가 역신이면 獨気(썩은 음식으로 부작용 발생 암시)

● 身이 왕성한 자는 印綬인 공부를 안먹으니 못하는 것이며 身이 약한 자는 흡수를 잘한다. 身이 왕성한 자는 기분을 유통시킴이 비법이다.

● (気를 補給하는게 印綬다).

● (気가 生하면 意志, 慾望을 감당한다).

● (肝이 튼튼하면 精神이 좋다).

● (여름 태생은 木生火로 肝이 약하다).

● (肝이란 불을 밝히는 심지다).

● (水는 血)

● (火는 気)

◉ (水圧을 血圧이라 한다).

◉ (熱을 생산하는 생산공장이 肝(木)) (空間에 気가 정상으로 작용하지 못하면 뭉쳐서 안개, 비, 구름이 된다. 그와같이 인간도 마음이 어두워지면 신경질, 감정 등이 발생하여 종말엔 폭발하는 이치와 같은 것이다).

◉ (肝을 운전하는 운전사가 곧 마음이다).

◉ 5장 6부가 五行)

◉ (팔은 陽(움직인다))

◉ (다리는 陰(고정))

◉ (네기둥도 율동적이면 정신이 좋지만 피동적은 정신이 흐리고 탁하다).

◉ (모든 생명은 気)

◉ (造化가 生命인데 生気의 造化가 生物이며 生物의 造化가 運動 変化 発展이다).

◉ (겨울은 気가 얼었기에 生物이 움직이지 못한다).

◉ (気는(温) 의욕과 욕망이 気다) (長生은 気가 旺盛)

◉ (帝旺은 재고가 떨어진다).

◉ (気가 왕성하면 피부가 팽팽하다).

◉ (肝을 움직이는 것은 쓸개)

◉ (비장을 움직이는 것은 위이며)

◉ (심장을 움직이는 것은 소장)

◉ (폐를 움직이는 것은 대장)

◉ 肝은 正官

◉ 脾臓은 財다.

◉ 肝이 명령해야 胃가 움직인다.

◉ 肝은 감독관(十長)

◉ 金水가 왕성하면 심장이 허하여 놀라길 잘한다.

◉ 火가 쫓기면 어두워서 잘 보지를 못하는 것이다. 이런때는 강심제나 보심제를 써야한다.

◉ 気가 成熟하면 神経이 形成되며 神経이 集大成하면 心이다.

◉ 陽은 이승

◉ 陰은 本能이며 本能은 官能으로서 物質的인데 마음은 本能의 앞잡이로 마음은 時計바늘과 같다.

또한 精神을 支配하는 것은 肉体이다. 아울러 마음을 誘惑하는 것은 物이다.

◉ 造物主는 殺生이 根本이다. 왜냐하면 生命을 먹지 않으면 生을 갖기 어렵기 때문인데 물에도 生命이 있으므로 가둬놓으면 썩어 버린다.

◉ 財多者는 재주가 좋고 머리가 비범하지만 모두가 메주로 변한다.

◉ 보통은 운명이 인생을 지배하지만 人生이 지배하는 운명이 되어야 한다.

七殺이란 산적과 같다. 그래서 욕심이 많은 자는 산적운을 만나면 필히 관재구설 아니면 중병 수술등을 당한다.

◉ 木火金은 財官을 타지만 土는 財官이 왕성해도 衰가 드물다(지구상엔 물과 흙이 있기 때문).

제일 요령이 많은 것은 火日柱다. 말이 많으니 구설이 따라다닌다. 그러나 禮는 밝고 비밀이 별로 없이 솔직하다. 왜냐하면 불이란 타오르면 보이고 타버리면 그만이다.

◉ 五行의 基本은 木이다.

◑ 水는 普給部長

◉ 火는 精神분야를 개발

◉ 土는 뿌리(根), 새끼를 친다.

◉ 金은 모양을 낸다(가지를 치기 때문). 그래서 가치를 나타낸다.

◉ 支藏干은 네기둥을 분석함에 99%다.

木火＝陽(気와 精神)

◉ 金水＝陰(血, 体)

◉ 食神 傷官은 운전사

◉ 官은 공경하자니 損財를 뜻하나 감당할땐 무관하며 감당하지 못하면 棺이된다. 그래서 身이 왕성하고 財官이 없는 자는 官이 올 때가 좋은 것이다. 그러나 심성이 조건이다.

◉ 또한 身이 왕성할 때 財를 운행하게 되면 印綬가 좋은 것이다. 만약에 휘발유인 인수가 없으면 정력만 소모한다.

네 기둥에 水가 없으면 열이 난다.

◉ 血은 水로서 수명을 관리한다.

◉ 気는 건강을 관리한다.

◉ 火가 건전하려면 木이 필요하듯 모든 十干은 동일하다.

◉ 金이란 저장탱크와 같고 주머니와 같다.

◉ 五行中에 生気는 木이다.

◉ 木은 生物이며 정신은 火이다.

◉ 木이 왕성하게 지나치면 金으로서 처치하고 다듬어야 한다. 金이 없는 木은 水를 낭비할 뿐이다.

◉ 木이 土金이 많고 火가 없으면 通風이 안되는 것으로 암

을 조심해야 한다.

◉ 모든 病은 沖에서 발생한다.

◉ 支藏干은 저금통장으로 생각하면 틀림없다. 다시말해 광맥과 같다.

相剋은 発展의 根本이자 萬病의 根이다. 그래서 相剋이 되면 必히 変化가 생기는데 身이 왕성한 자는 권투에서 세계 챔피온이 되듯 발전을 하지만 身이 쇄약한 자는 必히 병이 발생함을 암시한다.

또한 相剋이 되면 本人도 발동이 된다. 이유인 즉 가만히 있는데 누가와서 주먹으로 치는 격이니 가만히 있을 수가 없지 않는가.

◉ 官과 殺이란 意志와 뜻을 상징한다. 그러므로 身이 약한 사람이 官이 높으면 뜻이 높은 것으로서 올려다 보며 오르려 하나 힘이 약하니 그런때 인수인 노력과 지혜를 기르며 인내하고 참으면 올라갈 수가 있으나 비견인 동지의 도움이 필요한 즉 마음의 창문을 활짝 열어야 한다.

◉ 또한 七殺이 있고 印綬가 없으면 뜻만 높고 허망하게 갈팡질팡 하며 큰 것만 생각하고 헛된 용기만 가상하나 인수없는 관은 감당할 수 없는 것이다. 그러므로 때가 올 때를 기다리기 위하여 공부를 하며 노력함으로서 때를 만나는 것인데 공부도 안하고 때만 기다리면 때가 와도 올라가지를 못하니 허망한 마음과 공상만 생산하게 된 결과가 아닌가(그래서 그때는 七殺이 병이 되는 것이다).

七殺이란 산적과 호랑이를 연상하면 되는데 능변하고 용기가 있으니 인수를 겸하게 되면 어떤 어려움도 해내는 무적의

용사와 같은 것이다. 더욱 교육계가 좋으며 정계도 好하다. 그런데 身이 약하고 인수가 없으며 七殺이 있으면 보호자 없는 야생마로, 질기며 노발대발 하고 아무에게나 폭언 내지 폭발을 서슴없이 한다. 아울러 힘이 약한 자가 호랑이를 타고 다니려니 항상 위험하고 질병이 가실 날이 없다. 그러나 身이 왕성한 자는 오히려 七殺이 좋다. 또한 왕성하면 정인도 편인과 같다.

◉官과 印이 함께 있으면 知識과 德望과 教育을 모두 갖춘 인물이다. 아뭏든 네 기둥을 살펴봄에 있어 좋은 씨는 충하거나 묻어 버리면 안되며 나쁜 씨는 제거하거나 묻어 두었다 필요할 때만 꺼내서 사용해야 한다.

◉官이란 버릇을 고치는 기계다. 그런데 여자가 왕성한데 官이 약하면 自由為主로 방종한 생활을 즐기려 한다.

◉財가 重臣이면 경제계가 좋고 官이 충신이면 官계가 좋으며 印이 무거우면 教育界가 좋은 것이다.

◉身이 약한 자의 비견 겁재는 도와주는 형상이다.

◉財官이 왕성하면 財物에 뜻을 두기 쉽다.

◉身이 왕성하면 성능 좋은 차량이므로 움직여야 한다. 움직이지 않으면 병이 발생한다.

네 기둥을 분석하려면 첫째, 日柱의 왕쇄 강약을 살핀 후 두번째, 六神관계를 살피며 세번째, 중량을 저울질 한 다음 대운을 살펴서 결론을 내린다.

대운이란 방위를 90%로 하며 支를 본 다음 干을 살피고 세운은 干을 먼저 살피고 支를 살펴야 하니 비중은 3대 7로 한다. 그러나 네 기둥의 月支가 최고의 상품이다. 그런데 세운은 시장이다. 그렇기 때문에 대운이 좋아도 세 년이 함께 보조를 맞춰 주어야 되는 것이다.

어찌되었든 修養하면 때가 오는 것이며 진실로 둥글고 원만하면 자연은 절대로 외면하지 않는다. 또한 네 기둥에 印綬는 보급창고요 휘발유며 제 농기가 되므로 자동차의 브레이크와 같다. 그러므로 제동기인 브레이크가 없으면 끝없이 달리다 사고가 발생하듯 끝없는 욕심만을 부리다가 끝내는 사건이 발생된다.

身이 약한 자는 여자를 멀리해야 한다.

財物이란 인간의 運命을 나꿔채는 미끼와 똑같은 것이다.

● 身이 약한 자는 속단이 쉬우며 그 속단으로 인하여 실패는 필연이다. 그러나 왕성한 자는 귀가 두터워 실패가 적다.

● 財物이란 富로서 군림하지만 관리에 따라 富가 아닌 腐(썩을)가 되는 것이다. 그렇기에 財란 毒이 많은 것으로 보면 된다. 정도의 財는 生氣가 되지만 사도의 財는 獨氣로서 까스를 유발시켜 끝내는 폭발로 둔갑되어 인간을 못쓰게 만든다. 그러기에 인간의 마음에 따라서 요리조리 변화가 되는 마술사와 같은 것이다.

즉 욕심을 부리면 인간을 조롱하고 정도를 가게 되면 절대로 머리를 숙여 충성을 다한다.

그러므로 財物을 지휘하려면 氣를 강하게 해야하니 氣를 강하게 하자면 수양하며 견식과 이해와 원만과 끈기와 노력과 상부상조와 협동의 정신이 토대가 되는 것이다.

배부르면 먹지 못하듯 왕성하면 욕심을 부리지 않으므로 재물은 더욱 따라오고 허약하고 배고프면 욕심을 부리듯 약하면 욕심때문에 재물은 점점 멀리서 바라보며 조롱하고 있으니 마음의 유통과 원만이 재물을 부르는 비결인 것이다. 그러기에 어린이는 어머니인 보호자가 필요하며 왕성하면 독립하여 지휘를 하듯 약한 자는 더욱 재물을 멀리하고 수양하고 인내 할때 재물은 찾아오게 마련이다.

◉ 관이란 벼슬도 노력자만이 감당하는게 아닌가. 만약에 약한자에게 높은 관을 준다면 감당하지 못하니 소화가 안되어 오히려 棺이 되어 부작용만 초래할 뿐이다. 높은 나무는 약한 자는 올라가지 못한다. 그곳을 오르려면 힘을 배양해야 하듯 지식과 인내가 필연적으로 뒷바침 되어야 하는 것이다.

이와같이 이치란 골수로 흐름을 간파할 때 정상의 문은 손짓할 것이다.

乙木이 인수가 많으면 官을 사용해야 한다. 타간도 마찬가지다. 그러므로 身이 약한 자는 生해줌을 좋아하니 인수를 그리워 한다. 그런데 약한 자엔 식신상관인 활동은 금물이다.

물론 환경에 따라서 다르다.

◉ 네 기둥은 항구의 배로 보면 되며 일개 국가나 가정이나 자동차로 보면 된다.

◉ 대운이란 배가 움직여 떠나가는 뱃길이다. 또는 자동차가 달리는 행로로서 행로의 좋고 나쁨의 차이는 있으나 운전하는 본인의 마음에 따라 좌초도 되며 평탄하고 조용히 갈수도 있는 것이다. 그러므로 행복과 운명과 재물과 벼슬과 모든 것은 하늘에서 떨어지는 것도 아니며 어느 누가 갖다줌도 아니다. 오직 자신의 마음으로 운전하기에 따라서 좌우되는 것이다.

또한 네 기둥은 미신도 아니며 터무니 없는 헛 소리도 아니다. 거울이라 생각하고 들여다 보면 얼굴과 마음은 얼마든지 화장하고 고칠수가 있는 것인데, 무시하고 들여다 보지 못하면 절대로 그 얼굴 그 마음은 고치기가 힘들다. 물론 그렇지 않은 사람도 세상에는 얼마든지 많은 것이다.

그러나 인생이란 혼자서는 절대로 살아갈 수 없으니 기왕에 혼자서 살아가지 못하는 것 협동하고 상부상조하며 더욱 질서를 지키게 되면 나 또한 더욱 편하고 간편하게 살 수 있는 비결이 아닌가. 그래서 음양을 연구해야 하는 것이다.

財는 收入이며 官은 支出과 같다. 그렇다면 官이 많으면 支出이 많은 것이며 財가 많으면 收入이 많은 것이다.

그런데 수입은 어째서 필요한가를 생각하면 수입은 지출을 위하여 있으므로 수입과 지출이 정비례 하게 되면 마음은 편하고 그 마음이 편할 때 실제의 수입은 늘게 된다.

그러나 수입을 위하여 노력하면 들어온다 해도 머지않아 나가게 된다. 왜냐하면 음식은 언제나 정도껏 먹어야 속이 편하고 소화가 잘 되나 위장은 생각지 않고 과식을 한다면 뒤에는 반드시 배탈이 아닌가. 그래서 身이 약하게 되면 더욱 財는 사용하지 못한다. 그러므로 身이 약한 자는 財가 부도요, 부채이며 질병과 같다. 또한 처와 子도 財며 짐승도 내가 지배하면 재가 되므로 身이 약한 자는 짐승에게도 재물을 손해보게 된다(月에서 나타날 때 등장한다). 財는 수하와 시장과 운동장과 같다.

天干이란 자체가 움직이는게 아니다. 地支에서 에너지를 공급하므로 움직이게 되니 지지에 고장이 생기면 天干의 운영인 활동상에 먹구름이 생긴다. 이는 마음속에서 움직여야 행동할 수 있음을 뜻하는 것이다.

●陽은 陰을 지배할 수 있으나 陰은 陽을 지배하지는 못하나 動하게 유도는 된다. 또한 약자는 영원한 약자가 아니며 강자 또한 영원의 강자는 없으니 돌고 도는 세월속에 인생도 흐르고 역사도 흐른다.

天은 陽이며 地는 陰이다. 日은 陽이며 月은 陰이다. 따라서 日과 月의 周行이 각각 一定한 規則이 있고 순환의 도수가 있으므로 日은 一度씩 진행하며 月은 十三度를 진행함으로 大小 十二月로 365일에 1년이 되고 나머지 度數가 쌓여 윤달이 되니 正月初 一日에 발단해서 중간에 들어와 조절이 되며 12月 말일에 남는 일수를 계산해서 新年度로 넘기며 1년을 마치게 된다.

모든 脈은 目에 속하고
● 모든 骨髓는 脳에 속하고
● 모든 筋은 骨節에 속하고
● 모든 血은 心에 속하고
● 모든 気는 肺에 속한다.

色과 味는 5장을 대표하여 白色은 肺를 상징하며 맛은 辛 (매웁다). 아울러 義를 상징하며 皮에 속하고
● 赤色은 心에 속하며 맛은 苦(쓰며) 禮를 상징하고 脈에 속하며
● 靑色은 肝을 상징하며 맛은 酸(신맛)이며 仁을 상징하고 筋에 속하며
● 黃色은 脾에 속하며 맛은 甘(단맛)이며, 信을 상징하고

肉에 속하며

◉ 黑色은 腎에 속하고 맛은 醎(짠맛)이며 知를 상징하고 骨에 속한다.

◉ 아울러 肝은 신맛을 좋아하고 心은 쓴맛을 좋아하고 脾는 단맛을 좋아하고 肺는 매운맛을 좋아하고 腎은 짠맛을 좋아한다. 또한 신것을 과식하면 色이 변하고 쓴것을 과식하면 피부가 마르고 털이 빠지며, 매운것을 과식하면 힘줄이 拘急되며 손톱이 건조하고 짠것을 과식하면 살이 부풀며 입술이 트며, 단것을 과식하면 骨痛이 되며 머리칼이 빠진다.

心은 生의 根本으로 그 꽃은 面에 있고 실속은 血脈에 있으며 여름과 통하고 肺는 気의 본산으로 그 꽃은 毛에 있고 실속은 皮에 있으며 가을과 통하고 腎은 精의 저장처로 그 꽃은 髮에 있고 실속은 骨에 있으며 겨울과 통하고 肝은 血気를 생하며 그 꽃은 爪에 있고 실속은 筋에 있으며 봄과 통하고 비 위장은 동서남북(춘하추동)을 담아놓은 그릇과 같은 것으로 모든 작용의 변화를 돕고 절제시키며 入과 出을 담당하며 실속은 肌에 있으며 辰戌丑未土와 통한다.

東方은 風을 생하고 風은 木을 생하고 木은 酸味를 생하고 酸味는 肝을 생하고 肝은 筋을 생하고 筋은 心을 생하며 또한 肝은 目을 주로 한다.

南方은 熱을 생하고 熱은 火를 생하고 火는 苦味를 생하고 苦味는 心을 생하고 心은 血을 주로하며 脾를 주로 한다. 또한 心은 舌을 주로 한다.

西方은 燥를 생하고 燥는 金을 생하고 金은 辛味를 생하고

辛味는 肺를 생하고 肺는 皮毛를 생하고 皮毛는 腎을 생하고 肺는 鼻(코)를 주로 한다.

北方은 寒을 생하고 寒은 水를 생하고 水는 醎味를 생하고 醎味는 腎을 생하고 腎은 骨髓를 생하고 骨髓는 肝을 생하고 또한 腎은 耳를 주로 한다.

中央土는 濕(습)을 생하고 濕은 土를 생하고 土는 甘을 생하고 甘은 脾를 생하고 脾는 肉을 생하고 肉은 肺를 생하고 또한 脾는 口를 주로 한다.

天은 陽으로 淸하며 地는 陰으로 濁하고 地의 気가 上升해서 雲(구름)이 되고 天의 気가 下降(하강)하여 雨가 된다. 그러므로 寒気는 濁을 생하고 熱気는 淸을 생한다.

여자는 七세부터 腎의 気가 盛하기 시작하여 치아가 다시 나올 수 있고 두발이 자라며 14세에 任脈이 통하여 経度가 있게 되며 太沖脈이 盛하여 月経이 있게 되므로 生産이 可能하다. 21세에 腎의 気가 균형이 잡혀 최고로 발육이 되며 28세부터 筋骨이 굳어지고 신체가 풍만하며 35세부터 陽明脈이 쇠퇴하여 얼굴색이 변하며 두발이 빠지기 시작하며 49세의 시기에 任脈이 허하여 子息의 生産이 단절된다.

男子는 8세부터 腎의 気가 実하여 두발이 나오며 치아가 다시 나올수 있고 16세부터 生産이 可能하고 24세부터 腎의 気가 균형잡혀 최고로 발육하고 32세때 肌肉이 풍만하고 40부터 腎気가 衰退하여 머리가 빠지고 치아가 흔들리며 48세부터 陽気가 상체부터 쇠퇴하여 얼굴색이 변하기 시작하고

56세부터 힘줄이 뻣뻣하며 天癸가 다하여 精이 쇠퇴하고 형체가 흔들리기 시작한다. 腎은 水의 저장고이며 水는 에너지이자 精으로 水가 고갈되거나 土에게 몹시 침해를 당하면 정력과 天癸가 심히 상하게 되어 不産내지 動하지 못하게 된다. 남자는 늙어도 자식을 생산할 수 있는 기능이 있다. 그러나 그의 조건은 心과 精의 근원으로서 소모되지 않은 상태로 가능하다. 그러나 늙어서 자식을 생산하게 되면 그 자식이 아들인 경우 64세를 넘기지 못하며 딸인 경우는 49세를 넘기지 못한다고 황제 내경에 수록되어 있다.

心은 君王의 職責으로 神明이 生하며 肺는 相臣의 職責으로 政治의 制度를 만들며 肝은 将軍의 知謀를 生하며 담은 규제하는 법관으로 판결을 담당하며 脾胃는 五味를 生하고 大腸은 公報를 담당하여 변화를 발생하고 小腸은 受納하여 保存하는 직분으로 기묘한 재주를 생산하고 三焦(삼초)는 河川을 유통하는 직분으로 水道를 만들며 膀胱은 地方官의 직책으로 진액이 저장되어 気化가 되므로 배출을 담당한다.

삼라만상이 그러하지만 인간이 삶을 영위하며 변화가 되는 것은 모두 気의 造化에 있으므로 気가 왕성하게 되면 무엇이든 할 수 있고 気가 衰退하면 의지해야 하므로 변화가 안되는 것인즉 気의 변화하는 형태를 살피는 것인데 언제 어느때 왕성하고 쇠퇴하며 무엇이 보살펴 주고 무엇이 억누르려 하는가를 세밀하게 관찰하면 어떠한 사물의 이치도 알아볼 수 있는 것이다.

그에따라 甲은 한국 乙은 일본으로 보며 丙丁은 남방이요

戊己는 중국을 대표로 보며 庚辛은 서방으로 미국을 대표로 서 보며 壬癸는 북방으로 소련을 대표로 보는 것으로 세계의 변화형태도 깊이 들어 갈수록 상세하게 알 수 있음을 암시하고 있는 것이다. 아울러 지금까지의 설명과 같이 인간은 누구나 장생 목욕 관대 건록 제왕 쇠 병 사 묘 절 태 양과 정인 편인 정관 편관 비견 겁재 식신 상관 정재 편재가 마음과 정신속에 있는 것인데 그중에서 어느편이 더 많으냐 하는 비중에 따라 자신의 마음은 비중이 많은 쪽을 사용하고 있는 것인데 그것의 변화되는 상태가 나에게 어떤 영향을 주는 것인가를 분석해보면 나는 곧 사회요 국가로서 내가 사회와 국가인 나 자신에게 어떤 영향을 주고 있는가를 확실하게 알 수 있는 것이다.

그의 따라서 자신을 개선하고 변형 시킨다면 곧 자신에게 이익과 행복은 찾아오는 것인데 자신의 이익만을 생각하고 자신만을 위하여 살아간다면 그것은 자신이 스스로 고립을 불러들인 결과이므로 언제인지도 모르게 자신은 함정에 빠지게 되는 것이다.

역사는 돌고 돌아감에 의하여 질서는 생산되며 그 질서는 파괴될 수 없는 테두리가 있으므로 질서란 바로 順天으로서 순천은 협동과 상부상조를 기틀로 기강을 생하며 평화를 생산하나 욕심은 질서의 파괴를 상징함으로서 언제나 고행과 갈등을 생산할 뿐이다.

28. 습관의 응용법

　만약에 당신의 네 기둥에 버려야 할게있고 사용해야 하는께 있다면 그것은 습관으로 길러내면 더없이 편리하고 간단하게 길러낼 수가 있는 것이다.

　왜냐하면 인간의 두뇌는 추산적으로 볼 때 약 360억의 세포기능으로 형성되었다고 하는데 세계적으로 유명한 아인슈타인 박사가 그 뇌의 세포를 10%정도 활용하였다고 한다. 그렇다면 10%를 활용한 아인슈타인 박사의 두뇌가 그정도 였다면 80~90%를 활용한다면 어떻게 될것인가 하는거다. 혹자의 입장에서 생각할때 아인슈타인 박사의 두뇌는 선천적으로 타고난 천재였기 때문이라고 할 수 있으나 그것은 잘못 이해하는 말임이 확실하다. 그 이유로 인간은 누구나 360억 세포의 조직으로 구성되어 있으니 누구나 기능은 가지고 있음이 확실하기 때문이다. 다만 노력과 인내가 뒷바침 할 때 두뇌 세포의 기능은 하나씩 살아나는 것으로 확언할 수 있다. 물론 빠르고 느린 차이는 있으나 토끼도 목적지에 간다면 거북이도 가는 것은 확실한 즉 노력하지 않고 목적지에 갈 수는 없는 것이므로 그 노력과 인내를 습관으로 길러버리면 수월하고 간편하다.

　예를 들어 아침 6시에 한번 일어나기로 마음먹고 며칠만 계속적으로 일어난다면 그것은 바로 습관으로 변하기 때문에 그 시간만 되면 정확하게 두뇌의 작동으로 인하여 일어나지 않고는 견디지 못하게 되는 것인데 대개의 사람들은 자신을 쉽게 포기하는데 결핍이 있는 것이다.

즉 좋은 습관이란 산삼이나 녹용과 같이 길러 내기가 힘들다. 그러나 노력하는 습관을 갖게 되면 언제나 새로운 샘물이 솟아나듯 새로운 변화를 가져오게 되는데 퀘퀘묵은 습관을 버리기 싫어 그것만을 제일로 삼고 새로운 것을 길러내지 않는다면 음식과 마찬가지로 묵은 습관은 언제나 부패된 것만을 생산함으로 마음과 정신의 개혁은 어려운 것이다. 그러나 누구를 막론하고 새로운 노력의 시도를 하기로 작정하고 노력해야 한다는 정신을 갖게 되면 벌써 습관으로 나타나기 시작하는 것이니 한 번 생각하는 습관을 기르게 되면 언제나 생각하지 않고는 견디지 못하며 한 번 참는 습관을 한 번만 해보면 두 번 세 번이 가능하다. 그런데 한 번을 참고 견디지 못하여 발설하여 버리면 참는 씨를 마음에 심어놓지 못했기 때문에 나오질 않는다. 그러나 한번만 참게 되면 참는 그 씨는 점점 성장하게 되므로 두 번 세 번 참는 동안 습관으로 변하여 화려한 꽃과 열매를 갖게 되는 것이다.

그렇기에 사람을 한 번 비평하기 시작하면 계속적으로 비평하지 않고는 견딜수가 없으며 남편이 아내를 폭행하거나 어머니가 자식을 매질하거나 하면 또한 계속적으로 안하고는 견딜수가 없는 것인데 한 번만 참으면 습관으로 길러내기는 쉬운 것이며 좋은 습관을 또한 한 번만 길러내면 지금까지 사용하지 못하여 잠을 자고 있던 세포의 기능들은 그 좋은 습관으로 인하여 점차적으로 확산되어 가기 때문에 과학을 연구하는 과학자와도 같이 점점 깊은 곳으로 들어가게 되는 것과 같은 것으로서 습관이란 인생의 행로를 판가름 하는 중요한 밑거름이 되는 것이다.

이것은 누구나 상식적으로도 알고 있는 사실이지만 깨닫고 이해하며 실천하기는 매우 어려운 것이기에 실천만하게 되면 댓가는 있는 것이다. 아울러 자신의 기능인 네 기둥의 거울을 보고 필히 사용해야할 十干이 있거나 버릴게 있다면 이와 같은 방법이 절대로 필요한 것이다.

● 六 十 甲 子

① 甲 子	⑯ 己 卯	㉛ 甲 午	㊻ 己 酉
② 乙 丑	⑰ 庚 辰	㉜ 乙 未	㊼ 庚 戌
③ 丙 寅	⑱ 辛 巳	㉝ 丙 申	㊽ 辛 亥
④ 丁 卯	⑲ 壬 午	㉞ 丁 酉	㊾ 壬 子
⑤ 戊 辰	⑳ 癸 未	㉟ 戊 戌	㊿ 癸 丑
⑥ 己 巳	㉑ 甲 申	㊱ 己 亥	51 甲 寅
⑦ 庚 午	㉒ 乙 酉	㊲ 庚 子	52 乙 卯
⑧ 辛 未	㉓ 丙 戌	㊳ 辛 丑	53 丙 辰
⑨ 壬 申	㉔ 丁 亥	㊴ 壬 寅	54 丁 巳
⑩ 癸 酉	㉕ 戊 子	㊵ 癸 卯	55 戊 午
⑪ 甲 戌	㉖ 己 丑	㊶ 甲 辰	56 己 未
⑫ 乙 亥	㉗ 庚 寅	㊷ 乙 巳	57 庚 申
⑬ 丙 子	㉘ 辛 卯	㊸ 丙 午	58 辛 酉
⑭ 丁 丑	㉙ 壬 辰	㊹ 丁 未	59 壬 戌
⑮ 戊 寅	㉚ 癸 巳	㊺ 戊 申	60 癸 亥

●六神早見表

正印	偏印	正官	偏官	正財	偏財	傷官	食神	劫財	比肩	六神\日干
癸亥	壬子	辛酉	庚申	丑己未	辰戊戌	丁巳	丙午	乙卯	甲寅	甲
壬子	癸亥	庚申	辛酉	辰戊戌	丑己未	丙午	丁巳	甲寅	乙卯	乙
乙卯	甲寅	癸亥	壬子	辛酉	庚申	丑己未	辰戊戌	丁巳	丙午	丙
甲寅	乙卯	壬子	癸亥	庚申	辛酉	辰戊戌	丑己未	丙午	丁巳	丁
丁巳	丙午	乙卯	甲寅	癸亥	壬子	辛酉	庚申	丑己未	辰戊戌	戊
丙午	丁巳	甲寅	乙卯	壬子	癸亥	庚申	辛酉	辰戊戌	丑己未	己
丑己未	辰戊戌	丁巳	丙午	乙卯	甲寅	癸亥	壬子	辛酉	庚申	庚
辰戊戌	丑己未	丙午	丁巳	甲寅	乙卯	壬子	癸亥	庚申	辛酉	辛
辛酉	庚申	丑己未	辰戊戌	丁巳	丙午	乙卯	甲寅	癸亥	壬子	壬
庚申	辛酉	辰戊戌	丑己未	丙午	丁巳	甲寅	乙卯	壬子	癸亥	癸

안간은 (ㅡ회) 천
음간은 (⌣회) 천
(한가지) 실체로
庚은 巳에서 태어나
子에서 죽음으로
子에서 辛이
태어난다.
그리하여
巳에서
죽는다.
巳에서
또한
庚에
죽는다.
그러면 양간의
장생지인
寅申巳亥의
일면 음간의
장생은 따라서
알 수 있는 것이다.

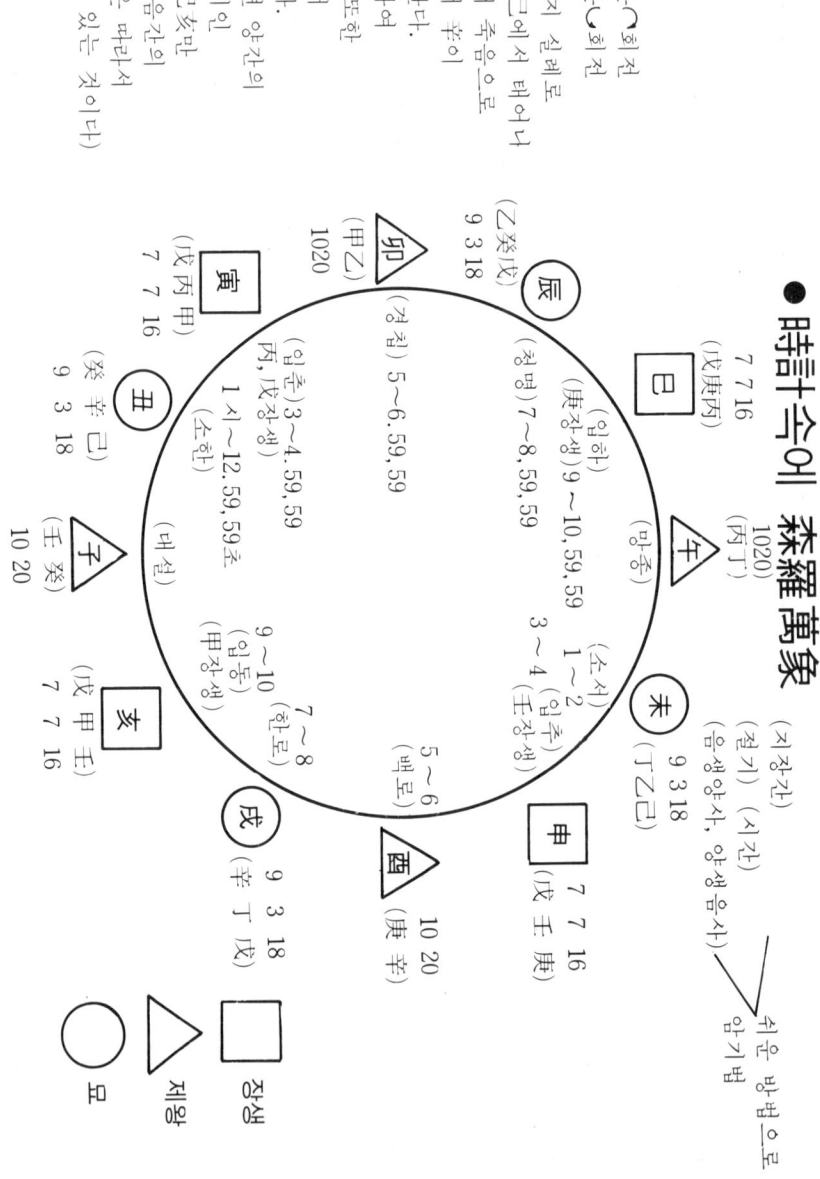

(지장간)
(정기) (시간)
(음생양사, 양생음사)
쉬운 방법으로
암기법

□ 장생
△ 제왕
○ 묘

● 왼손에 외우는 방법

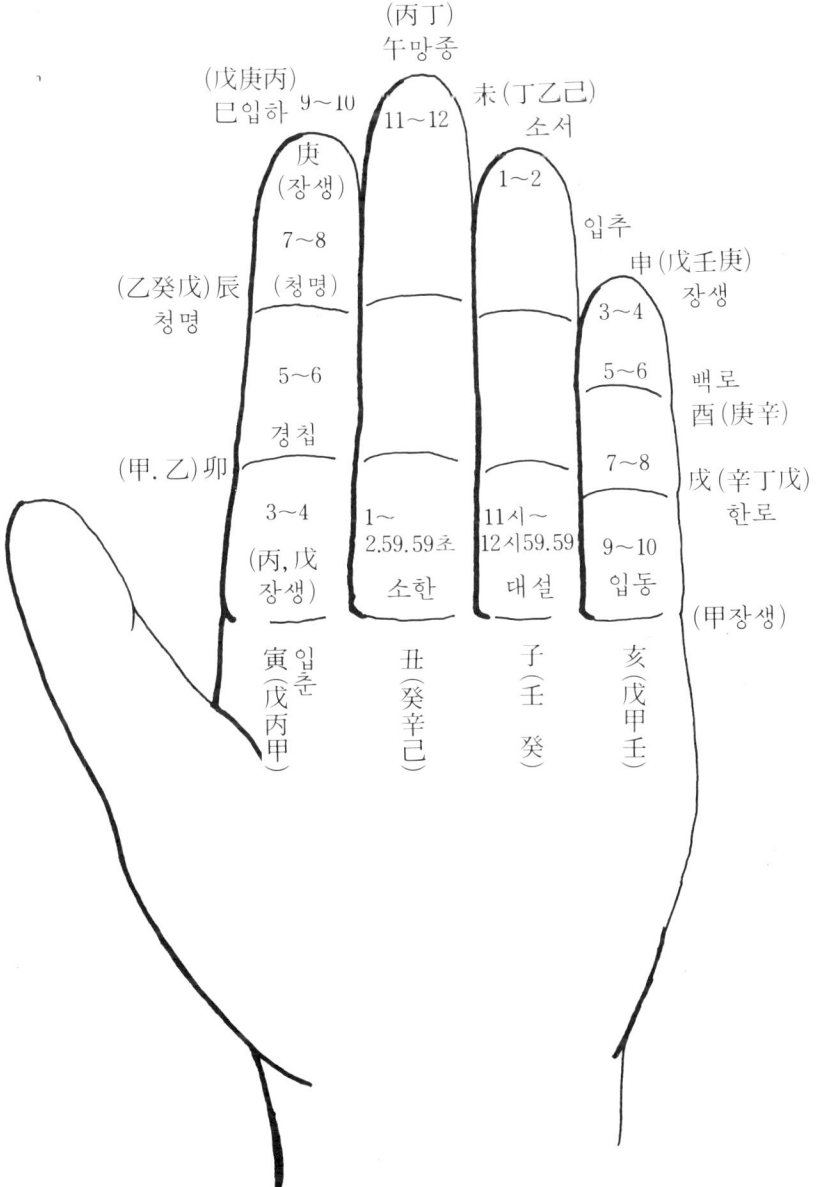

(丙丁)
午망종

(戊庚丙)
巳입하　9~10

11~12

未(丁乙己)
소서

庚
(장생)

1~2

입추

申(戊壬庚)
장생

7~8

(乙癸戊)辰
청명

(청명)

3~4

5~6

5~6

백로
酉(庚辛)

경칩

(甲.乙)卯

7~8

戊(辛丁戊)
한로

3~4

1~
2.59.59초

11시~
12시59.59

9~10

(丙,戊
장생)

소한

대설

입동

(甲장생)

寅입춘
(戊丙甲)

丑
(癸辛己)

子(壬
癸)

亥(戊甲壬)

陰 陽 五 行 의 槪 論

初 版　發　行 ●1982年　　6月　　20日
初版 6刷 發行 ●2013年　　2月　　20日

編著者 ● 申 天 浩
發行者 ● 金 東 求

發行處 ● 明 文 堂 (1923. 10. 1 창립)
　　　　서울특별시 종로구 안국동 17~8
　　　　우체국　010579-01-000682
　　　　전화　　(영) 733-3039, 734-4798
　　　　　　　　(편) 733-4748
　　　　FAX 734-9209
　　　　Homepage www.myungmundang.net
　　　　E-mail mmdbook1@kornet.net
　　　　등록　1977. 11. 19. 제1~148호

● 낙장 및 파본은 교환해 드립니다.
● 불허복제

값　15,000원
ISBN 978-89-7270-937-4　14150
　　　978-89-7270-056-8(세트)

明文堂의 易書는 種類가 다양합니다.